알고 보면 로또

신고포상금

― 최첨단 장비는 법률지식이다―

최종배

Ⅰ

법률출판사

머리말

Preface

　신고대상은 어떤 것이 있나? 어느 곳에 어떻게 신고하나? 포상금은 언제 얼마를 받나?

　이 일을 하고 있거나 하려는 사람들에게 가장 궁금한 것들입니다. 당연한 질문입니다. 이들 질문 때문에 이 책을 엮었습니다. 이 일이 본업이든 부업이든 이 책을 읽는 순간 돈이 보일 겁니다. 포상금은 단돈 몇 만원부터 20억 원에 이르기까지 매우 다양합니다. 그 가능 수익은 습득한 법률지식의 수준에 비례합니다.

　이 책이 다루고 있는 대상과 내용은 가장 건강한 것들입니다. 신고한 사람에게 국가기관이 나서서 포상금을 줍니다. 비밀도 철저히 보장합니다. 칭찬 받아 마땅한 일들이니까요.

　이러한 일을 하는 사람을 두고 파파라치라고 하는 말로 비하 내지는 부정적인 의미를 부여하고 있는 것이 우리나라의 현실입니다. 그러나 이는 일부 사람들의 그릇된 인식에서 비롯된 것입니다. 원래 파파라치는 이탈리아어 "Paparazzi"에서 유래한 것이라고 합니다. 그 뜻은 유명한 사람을 쫓아다니면서 사생활을 촬영하고, 그 사진으로 고소득을 올리는 사람이라고 합니다. 우리나라에서는 하는 일이 다릅니다. 포상금을 쫓아 힘쓰는 사람은 "공공의 이익을 위하여 신고하는 사람"이라고 표현해야 어울리지 않을까요? "공익신고자"로 줄

 머리말

일까요?

　포상금은 국가나 지방자치단체의 지출예산 중 일부입니다. 요건을 갖춘 신고인 누구에게나 최다 20억 원을 포상합니다. 값비싼 사진기를 들고 잠복하지 않더라도 신고의 대상은 많습니다. 몰래카메라를 사용해야 하는 대상이라면 포상금은 소액일 가능성이 농후합니다. 촬영·녹음장비가 필요한 장비라는 점을 부인하지는 않습니다. 그러나 없으면 안 되는 장비도 아닙니다. 첨단장비보다 먼저 장만하여야 할 장비는 관련 법령에 대한 지식입니다. 이것이 이 책자를 엮은 주된 이유입니다.

　이 책의 목차는 각 행정기관별로, 그리고 각 법률에서 규정하는 대표적인 신고대상 행위를 선정하였습니다. 각 법률마다 여러 개의 신고대상 행위를 규정하고 있습니다. 어떤 법률은 수십 또는 수백 개의 신고대상 행위를 규정하고 있습니다. 따라서 보물창고라고 말해도 허풍이 아닐 것입니다.

　우리나라는 사립탐정을 허용하지 않습니다. 과거에는 흥신소라는 것이 있었고, 현재는 심부름센터라는 이름으로 활동하는 분들이 꽤 많다고 알려집니다. 이 책에서 소개하는 내용은 이들의 업무영역과는 다른 것입니다.

　국가가 사립탐정활동을 허용하지도 않으면서 - 민간인은 증거수집이 어려운 환경 - 포상금을 줄 테니 신고나 고발을 하라고 합니다. 그 대상도 수천 종류를 법률로 정해놓고….

　국가는 국민 전체(개개인 상대)를 대상으로 하는 일에 많은 것을 요구할 수 없습니다. 어려운 증거의 제출을 요구해서도 안 된다는 사실을 잘 알고 있습니다. 따라서 증거를 찾을 수 있는 길만 알려주면

머리말

증거는 나라에서 찾겠다는 것이지요. 당연히 그렇게 해야 합니다. 우리나라는 사립탐정(私立探偵 : Detective, Private-investigator, Private eye)의 활동을 보장하지 않기 때문입니다.

공익을 위하여 범죄행위 등을 신고하려는 사람에게 꼭 필요한 것들, 즉 신고서나 고발장의 작성 요령, 신고에 따른 후속절차, 포상금의 신청 요령은 물론 다소 어렵게 느껴지는 법률용어의 해설 등을 나름대로는 충실히 담았습니다.

다시 한 번 강조합니다. 법률에 관한 지식이 최첨단장비이고, 소득의 크기를 결정하는 요소입니다. 그리고 우리나라에서 아무도 알려주지 않는 신고포상금에 관한 법률지식을 최초로 정리하여 발표하는 이유는 관심 있는 분들이 사명감에서 비롯하여 고소득도 올리시기를 기대하는 소박한 충정입니다. 과거 한 때 교통법규위반에 대한 신고포상제도가 일시 시행된 적이 있습니다. 짧은 기간 동안만 시행된 이유는 지나친 관심의 대상이 되었기 때문입니다. "카파라치"라는 별칭이 붙기도 하였지요. 신고포상의 대상이 되는 범법행위 중에는 불가피한 생계형의 범법자도 있습니다. 비난가능성이 그리 높지 않은 경우를 말합니다. 이러한 유형은 포상금액도 소액일 수밖에 없습니다. 경우에 따라서는 신고자가 비난을 받기도 합니다. 현명한 판단을 하시리라 믿습니다. 관심 있는 분들의 건승을 기원합니다. 건강하세요.

최종배 올림

차 례

Contents

머리말 / 3

고용노동부 / 11

제1장 직업소개사업자의 위법행위 ………………………… 13

제2장 장애인고용장려금 부정수급 ………………………… 17

제3장 부도기업 퇴직자의 임금 등(체당금) 부당수령 ………… 25

제4장 고용보험 관련 부정행위 ……………………………… 31

제5장 근로자 직업훈련 관련 부정행위 …………………… 37

제6장 산업재해보상보험금 등의 부정수급 ………………… 44

제7장 건설근로자 퇴직공제금 부정수급 …………………… 49

공정거래위원회 / 55

제8장 불공정거래 ……………………………………………… 57

제9장 불법 다단계판매행위 ………………………………… 71

관세청 / 77

제10장 관세포탈행위 ………………………………………… 79

차 례

국가정보원 / 85

    제11장 국가보안법위반행위 ················· 87

국민권익위원회 / 93

    제12장 부패방지등 기여자 포상 ··············· 95

국세청 / 101

    제13장 세금포탈행위(국세) ················· 103

국토교통부 / 113

    제14장 토지거래허가구역 내 토지의 무허가거래 ······· 115

    제15장 국민주택의 불법 전매(轉賣) ············· 118

    제16장 공인중개사 등록 관련 부정행위 ··········· 125

    제17장 해양오염물질 불법 배출·투기(投棄) ········· 128

금융위원회 / 133

    제18장 상호저축은행의 위법행위 ·············· 135

    제19장 자본시장(주식·파생상품 등) 불공정거래행위 ······ 142

    제20장 상장회사(외부감사 대상 법인)의 회계부정행위 ····· 146

농림축산식품부 / 149

    제21장 유전자변형농수산물의 표시방법등 위반행위 ······ 151

차 례

제22장 농수산물·가공품원료의 원산지표시위반 ……………… 153

제23장 농지 불법 전용(轉用) …………………………… 157

제24장 식물검역의무 위반행위…………………………… 161

제25장 농협조합장·중앙회장 선거부정행위 ……………… 164

제26장 수산업협동조합장·중앙회장 선거부정행위 ………… 167

제27장 경마 관련 부정행위 ……………………………… 168

제28장 쌀소득보전지불금 부당수령행위 ………………… 171

제29장 양곡의 부정유통행위 …………………………… 173

문화재청 / 175

제30장 문화재보호규정 위반행위………………………… 177

제31장 매장문화재의 신고 등 …………………………… 181

문화체육관광부 / 185

제32장 게임물 이용 도박, 게임물 유통질서위반 ………… 187

제33장 간행물의 유통질서 왜곡행위 …………………… 192

법무부 / 195

제34장 마약류관리에 관한 법률 위반행위 ……………… 197

제35장 성매매알선 등 행위 ……………………………… 209

보건복지부 / 215

    제36장 약사의 금지행위 위반 ················· 217

    제37장 요양기관(의료기관등)의 보험급여비용 부당수급 ······ 220

    제38장 노인장기요양기관의 보험급여비용 부당수급 ············ 224

산림청 / 227

    제39장 임산물의 보호규정 위반행위 ················· 228

    제40장 임산물 불법 벌채 등 ················· 232

    제41장 산림의 불법 전용(轉用) ················· 235

    제42장 소나무재선충병 관련 신고 ················· 241

    제43장 산림조합장 선거부정행위 ················· 244

산업통상자원부 / 245

    제44장 가짜석유 제조·판매 ················· 247

    제45장 산업기술 해외유출 방지 등 ················· 249

식품의약품안전처 / 255

    제46장 건강기능식품 관련 금지행위 ················· 257

    제47장 식품위생법 위반행위 ················· 262

    제48장 축산물 위생관리 위반행위 ················· 265

차 례

여성가족부 / 273

제49장 아동·청소년 상대 성매매등 범죄행위 ·············· 275

제50장 청소년보호법 위반행위 ································· 282

조달청 / 287

제51장 공공기관 조달업무 관련자 부패행위 ················ 289

중앙선거관리위원회 / 293

제52장 공직선거범죄 ·· 295

제53장 정치자금 관련 범죄 ······································· 299

제54장 주민소환투표 관련 범죄 ································· 302

해양수산부 / 305

제55장 수산업법 위반행위 ··· 307

제56장 수산자원관리법 위반행위 ······························· 311

환경부 / 317

제57장 야생동·식물보호규정 위반행위 ······················ 319

제58장 습지보전지역 등에서의 금지행위위반 ·············· 322

제59장 환경부 공무원 부패행위 ································· 325

고용노동부

제1장 직업소개사업자의 위법행위

제1절 「직업안정법」의 규정

제45조의3(포상금) ① 고용노동부장관 또는 특별자치도지사·시장·군수·구청장은 제34조를 위반 한 자 또는 제46조 제1항 제1호 및 제2호에 해당하는 자를 신고하거나 수사기관에 고발한 사람에게 예산의 범위 안에서 포상금을 지급할 수 있다.

② 포상금의 지급에 필요한 사항은 고용노동부령으로 정한다.

제34조(거짓 구인광고 등 금지) ① 제18조·제19조·제28조·제30조 또는 제33조에 따른 **직업소개사업**, **근로자모집** 또는 **근로자공급사업**을 하는 자나 이에 종사하는 사람은 거짓 구인광고를 하거나 거짓 구인조건을 제시하여서는 아니 된다.

☆ 직업소개사업 : 구인 또는 구직의 신청을 받아 구직자 또는 구인자를 탐색하거나 구직자를 모집하여 구인자와 구직자 간에 고용계약이 성립되도록 알선하는 사업을 말한다.

☆ 근로자모집 : 근로자를 고용하려는 자가 취업하려는 사람에게 피고용인이 되도록 권유하거나 다른 사람으로 하여금 권유하는 것을 말한다.

☆ 근로자공급사업 : 공급계약에 따라 근로자를 타인에게 사용하

신고포상금

게 하는 사업을 말한다. 다만, 「파견근로자보호 등에 관한 법률」 제2조 제2호에 따른 근로자 파견사업은 제외한다.

② 제1항에 따른 거짓 구인광고의 범위에 관한 사항은 대통령령으로 정한다.

제46조(벌칙) ① 다음 각 호의 어느 하나에 해당하는 자는 7년 이하의 징역 또는 7천만 원 이하의 벌금에 처한다.

1. 폭행·협박 또는 감금이나 그 밖에 정신·신체의 자유를 부당하게 구속하는 것을 수단으로 직업소개, 근로자모집 또는 근로자공급을 한 자
2. 「성매매알선 등 처벌에 관한 법률」 제2조 제1항 제1호에 따른 성매매행위나 그 밖의 음란한 행위가 이루어지는 업무에 취업하게 할 목적으로 직업소개, 근로자모집 또는 근로자공급을 한 자

제2절 「직업안정법 시행령」의 규정

제34조(거짓 구인광고의 범위 등) 법 제34조에 따른 거짓 구인광고 또는 거짓 구인조건 제시의 범위는 신문·잡지, 그 밖의 간행물, 유선·무선방송, 컴퓨터통신, 간판, 벽보 또는 그 밖의 방법에 의하여 광고를 하는 행위 중 다음 각 호의 어느 하나에 해당하는 것으로 한다.

1. 구인을 가장하여 물품판매·수강생모집·직업소개·부업알선·자금모금 등을 행하는 광고
2. 거짓 구인을 목적으로 구인자의 신원(업체명 또는 성명)을 표시

고용노동부

하지 아니하는 광고
3. 구인자가 제시한 직종·고용형태·근로조건 등이 응모할 때의 그것과 현저히 다른 광고
4. 기타 광고의 중요 내용이 사실과 다른 광고

제3절 직업안정법 시행규칙의 규정

제47조(포상금의 지급) ① 법 제45조의3에 따라 지급되는 포상금의 지급기준은 다음 각 호와 같다. 다만, **1인당 연간 지급액이 300만원**을 초과할 수 없다.
1. 법 제34조를 위반한 자를 신고하거나 수사기관에 고발한 경우 : 40만 원
2. 법 제46조 제1항 제1호 또는 제2호에 해당하는 자를 신고하거나 수사기관에 고발한 경우 : 100만 원

② 제1항에 따른 포상금의 구체적인 지급기준과 지급절차 등에 관하여는 고용노동부장관이 정하여 고시한다.

* 고용노동부장관의 고시 내용은 고용노동부 홈페이지(www.moel.go.kr)에서 확인할 수 있다.

제4절 신고·고발에 관한 이해

「직업안정법」은 "신고하거나 수사기관에 고발한 사람"에게 포상금을 지급한다고 규정하였다. 앞으로 검토하게 되는 다른 법률에서도 대

신고포상금

부분 같은 내용을 규정한다. 어떤 법률에서는 "통보" 또는 "제보"라는 용어를 사용하기도 한다.

신고 · 고발 · 통보 및 제보는 모두 수사개시의 단서에 해당한다. 어떤 법률에서는 고소인에게도 포상금("보상금"이라고 표현하고 있음)을 지급한다고 규정하였다. 앞에서 예시한 것들이 고소와 다른 점은 당해 사건과 관련하여 제3자라는 점이다. 고소는 직접 피해자가 수사기관에 대하여 수사개시의 단서를 제공하는 것이다.

고발이 신고 · 통보 및 제보와 다른 점은 수사권이 있는 기관에 수사의 단초를 제공하는 것이라는 점이다. 즉 수사권이 없는 기관들이 신고 등을 받은 경우에는 이들은 신고 등을 한 사람과 마찬가지로 강제수사를 할 수 없기 때문에 수사기관에 고발을 하게 된다. 물론 고발을 하지 아니하고 신고 등을 받은 기관에서 자체적으로 조사만 하고 마무리가 될 수도 있다.

신고를 할 것인가 또는 고발을 할 것인가의 문제는 신고 등을 하려는 사람이 가지고 있는 범죄 등에 대한 정보 및 참고자료가 어떤 것인가에 따라 다를 수 있다. 또 급박하게 수사를 개시하여야 할 필요가 있는가에 따라서도 달라질 것이다. 이에 관한 구체적인 내용은 직접 관련이 있는 부분에서 다시 검토하기로 한다.

제2장 장애인고용장려금 부정수급

제1절 제도의 이해

「장애인고용촉진 및 직업재활법」은 고용노동부장관과 보건복지부장관은 장애인의 고용촉진을 위하여 직업재활에 힘을 쓰도록 규정하였다. 이에 따라 일정한 장애인을 대상으로 직업지도, 직업대상훈련 및 직업능력개발훈련 등을 시행하며, 지원고용 · 보호고용 · 취업알선 등과 병행하여 장애인을 고용하는 사업주에 대한 지원을 하고 있다. 즉 고용장려금을 지급하고 있다. 이 고용장려금을 부정한 방법으로 수령한 사람을 신고하면 신고포상금을 지급하는 제도가 장애인고용장려금 부정수급자 신고포상제도인 것이다. 이 법은 장애인고용장려금을 "부정한 방법으로 지급받은 자"라고 규정할 뿐 구체적인 부정행위에 관하여는 정의하지 않았다. 따라서 신고의 대상이 되는 행위가 매우 넓은 의미로 해석될 수 있다.

제2절 법률의 규정

제32조(포상금) 거짓이나 그 밖의 부정한 방법으로 제30조에 따른 고

신고포상금

용장려금을 지급받은 자를 지방고용노동관서, 제43조에 따른 한국장애인고용공단 또는 수사기관에 신고하거나 고발한 자에게는 대통령령으로 정하는 바에 따라 포상금을 지급할 수 있다.

제30조(장애인 고용장려금의 지급) ① 고용노동부장관은 장애인의 고용촉진과 직업 안정을 위하여 장애인을 고용한 사업주(제28조 제1항을 적용받지 아니하는 사업주를 포함한다)에게 고용장려금을 지급할 수 있다.

② 고용장려금은 매월 상시 고용하고 있는 장애인 수에서 의무고용률(제28조 제1항을 적용받지 아니하는 사업주에게 고용장려금을 지급할 때에도 같은 비율을 적용한다)에 따라 고용하여야 할 장애인 총수(그 수에서 소수점 이하는 올린다)를 뺀 수에 제3항에 다른 지급단가를 곱한 금액으로 한다. 다만, 제33조에 따라 낼 부담금이 있는 경우에는 그 금액을 뺀 금액으로 한다.

③ 고용장려금의 지급단가 및 지급기간은 고용노동부장관이 「최저임금법」에 따라 월단위로 환산한 최저임금액의 범위에서 제33조 제3항에 따른 부담기초액, 장애인 고용부담금 납부의무의 적용 여부, 그 장애인 근로자에게 지급하는 임금, 고용기간 및 장애정도 등을 고려하여 다르게 정할 수 있다. 이 경우 중증장애인과 여성장애인에 대하여는 우대하여 정하여야 한다.

④ 「고용보험법」과 「산업재해보상보험법」에 따른 지원금 및 장려금 지급대상인 장애인 근로자 및 그 밖에 장애인 고용촉진과 직업안정을 위하여 국가나 지방자치단체로부터 지원을 받는 등 대통령령으로 정하는 장애인 근로자에 대하여는 대통령령으로 정하는 바에 따라 고용장려금의 지급을 제한할 수 있다.

⑤ 제1항에 따른 고용장려금의 지급 및 청구에 필요한 사항은 대통령령으로 정하고, 그 지급시기·절차 등에 필요한 사항은 고용노동부장관이 정한다.

제3절 「법 시행령」의 규정

제31조(고용장려금 부정수급자에 대한 신고 등) ① 법 제32조에 따라 거짓이나 그 밖의 부정한 방법으로 고용장려금을 지급받은 자(이하 "부정수급자"라 한다)를 신고하려는 자는 고용노동부령에 따라 지방고용노동관서나 공단에 신고하여야 한다.

③ 법 제32조에 따라 고용장려금 부정수급자를 신고하거나 고발한 자는 같은 조의 규정에 따른 포상금을 지급받으려면 고용노동부령에 따라 고용노동부장관에게 포상금 지급을 신청하여야 한다.

제32조(포상금의 지급기준) 포상금은 고용노동부장관이 다음 각 호의 기준에 따라 지급하며, **1천만 원을 지급한도액**으로 한다.

1. 거짓이나 그 밖의 부정한 방법으로 지급받은 고용장려금(이하 이 조에서 "부정수급액"이라 한다)이 1억 원 이상인 경우 : 600만 원 + (1억 원 초과 부정수급액 × 100분의3)
2. 부정수급액이 2천만 원 이상 1억 원 미만인 경우 : 200만 원 + (2천만 원 초과 부정수급액 × 100분의5)
3. 부정수급액이 2천만 원 미만인 경우 : 부정수급액 × 100분의 10

제33조(신고 또는 고발의 기한) 포상금은 부정수급자가 그 고용장려금

신고포상금

을 부정수급한 날부터 3년 이내에 신고하거나 고발한 경우에만 지급한다.

제34조(신고 또는 고발의 중복 시 포상금의 지급방법) ① 동일한 고용장려금 부정수급행위에 대하여 둘 이상의 자가 각각 신고하거나 고발한 경우에는 포상금액을 산정할 때에 하나의 신고 또는 고발로 본다.

② 제1항의 경우 포상금은 부정수급행위의 적발에 기여한 정도 등을 고려하여 각각의 자에게 적절하게 배분하여 지급하되, 포상금을 지급받을 자가 배분방법에 관하여 미리 합의하여 포상금 지급을 신청한 경우에는 그 합의된 방법에 따라 지급한다.

제35조(포상금의 지급시기) 포상금은 법 제31조 제1항에 따라 부정수급자에 대한 부당이득금 징수(추가징수금을 포함한다)의 통지 후 이에 대한 불복제기기간이 지났거나 불복절차가 끝나고 부당이득금 징수처분이 확정된 후에 지급한다.

제4절 「법 시행규칙」의 규정

제14조(고용장려금 부정수급의 신고 등) ① 시행령 제31조 제1항에 따른 부정수급자의 신고는 별지 제10호 서식의 장애인 고용장려금 부정수급 신고로 한다.

② 공단은 영 제31조 제1항 또는 제2항에 따른 신고(지방고용노동관서를 통하여 받은 신고를 포함한다) 또는 통보를 받으면 부정수급자 해당 여부 및 부정수급 금액 등을 조사확정하여 고용장려금을

징수하는 등 필요한 조치를 하여야 한다. 이 경우 공단은 법 제31조 제1항에 따른 고용장려금 부정수급자에 대한 처리결과를 부정수급자를 신고한 자 또는 고발한 자에게 알려야 한다.
③ 영 제31조 제3항에 따른 포상금을 지급받으려는 자는 다음 각 호의 구비서류를 첨부하여 별지 제11호 서식의 장애인 고용장려금 포상금지급신청서로 신청한다.
1. 2명 이상의 경우 포상금 배분에 관한 합의각서 1부(배분액에 관한 합의가 성립한 경우에만 해당한다)
2. 통장 사본 1부
④ 그 밖에 포상금 지급 등에 필요한 사항은 공단이 영 제63조 제4호에 따라 고용노동부장관의 승인을 받아 정한다.

 신고포상금

(별지 제10호 서식)

장애인 공용장려금 부정수급 신고서

접수번호		접수일	처리기간 : 14일
신고인	성명	주민등록번호	
	주소 · 전화번호		
신고인	성명	주민등록번호	
	주소 · 전화번호		
부정수급 신고내용	부정수급 사업체명	대표자명	
	소재지	전화번호	
	부정수급 기간		
	부정수급의 내용 (구체적으로 적습니다)		

「장애인고용촉진 및 직업재활법」 제32조, 같은 법 시행령 제31조 제1항 및 같은 법 시행규칙 제14조 제1항에 따라 위와 같이 (   ) 사업주의 부정수급사실을 신고합니다.

년   월   일

신고인   (서명 또는 날인)

지방고용노동청(지청)장

한국장애인고용공단   지사장 귀하

고용노동부

(별지 제11호 서식)

장애인 고용장려금 포상금지급신청서

접수번호		접수연월일	처리기간 : 14일
신청인	성명	주민등록번호	
	주소 · 전화번호		
	입금계좌	은행명 : 계좌번호 : 예금주 :	
신고 또는 고발한 부정수급의 내용		부정수급 사업체명	
		부정수급 신고일	
		포상신청금액	

「장애인고용촉진 및 직업재활법」 제32조, 같은 법 시행령 제31조 제3항 및 같은 법 시행규칙 제14조 제3항에 따라 위와 같이 신청합니다.

년   월   일

신청인   (서명 또는 날인)

한국장애인고용공단   지사장 귀하

신고포상금

제5절 신고·고발의 방식

「장애인고용촉진 및 직업재활법 시행규칙」은 신고서식과 포상금지급신청서의 서식을 만들어두고 있다. 이러한 경우에는 서식을 활용하면 될 것이며, 난이 부족하여 내용을 충분히 적을 수 없다면 별지를 활용하면 될 것이다.

어느 기관의 경우에는 이러한 서식을 인터넷 홈페이지에만 만들어놓고 있는 경우도 있다. 또 어떤 기관에서는 그마저도 만들지 아니한 경우도 있다. 특히 특정한 서식을 요구하지 않는 경우에는 방식에 구애받을 필요 없이 자유롭게 작성한 문서를 사용할 수 있을 것이다. 제출하는 방식도 자유롭게 선택하면 될 것이다. 우송도 가능하다. 그러나 신고의 경우에 증거가 될 수 있는 자료(문서나 물건)이 있는 경우에는 직접 출석하는 것이 옳을 것이다.

제3장
부도기업 퇴직자의 임금 등(체당금) 부당수령

제1절 제도의 이해

 이 제도는 「산업재해보상보험법」 제6조의 적용을 받는 모든 사업장(제외사업장 있음)에 적용한다. 사업자에게 「채무자회생 및 파산에 관한 법률」에 의하여 파산선고·회생절차개시결정 또는 고용노동부장관의 도산 등 사실인정(「임금채권보장법 시행령」 제5조)의 사유가 있고, 이로 인하여 퇴직한 근로자가 고용노동부장관에게 임금 등을 청구하면 고용노동부장관은 임금, 최종 3년분 퇴직금 및 최종 3월분의 휴업수당을 사용자를 대신하여 근로자에게 지급한다. 고용노동부장관은 사업자의 재산에 대한 파산절차에서 체당(대신 지급)한 임금 등을 회수하며, 회수하지 못한 부분은 국고로 충당한다.
 이와 같은 절차에서 「근로기준법」의 적용을 받는 근로자가 부당한 방법으로 위 체당금을 지급받은 경우를 신고하도록 유도하는 것이 이 제도의 취지이다.

신고포상금

체당금 지급에서 제외되는 사업·사업장(「산업재해보상보험법 시행령」 제2조 제1항)

1. 「공무원연금법」 또는 「군인연금법」에 따라 재해보상이 되는 사업
2. 「선원법」, 「어선원 및 어선재해보상보험법」 또는 「사립학교교직원연금법」에 따라 재해보상이 되는 사업
3. 「주택법」에 따른 주택건설사업자, 「건설산업기본법」에 따른 건설업자, 「전기공사업법」에 따른 공사업자, 「정보통신공사업법」에 따른 정보통신공사업자, 「소방시설공사업법」에 따른 소방시설공사업자 또는 「문화재보호법」에 따른 문화재수리업자가 아닌 자가 시공하는 다음 각 목의 어느 하나에 해당하는 공사
   가. 「고용보험 및 산업재해보상보험의 보험료징수 등에 관한 법률 시행령」 제2조 제1항 제2호에 따른 총공사금액이 2천만 원 미만인 공사
   나. 연면적이 100제곱미터 이하인 건축물의 건축 또는 연면적이 200제곱미터 이하인 건축물의 대수선에 관한 공사
4. 가구 내 고용활동
5. 제1호부터 제4호까지의 사업 외의 사업으로서 상시근로자 수가 1명 미만인 사업
6. 농업, 임업(벌목업은 제외한다), 어업 및 수렵업 중 법인이 아닌 자의 사업으로서 상시 근로자의 수가 5명 미만인 사업

제2절 「임금채권보장법」의 규정

제15조(포상금의 지급) 거짓이나 그 밖의 부정한 방법으로 **체당금(替當**

金)이 지급된 사실을 지방고용노동관서 또는 수사기관에 신고하거나 고발한 자에게는 대통령령으로 정하는 기준에 따라 포상금을 지급할 수 있다.

☆ 체당금 : 사업주에게 파산 등의 사유가 있어서 퇴직한 근로자가 지급받지 못한 임금 등을 고용노동부장관에게 청구하면 고용노동부장관이 사업주를 대신하여 근로자에게 지급하는 돈을 말한다. 여기의 임금 등은 임금, 퇴직금 및 휴업수당을 말한다.

제3절 「임금채권보장법 시행령」의 규정

제20조의3(포상금의 지급기준) **포상금은 5천만 원을 지급한도액**으로 하여 다음 각 호의 기준에 따라 고용노동부장관이 지급한다. 이 경우 1천 원 단위 미만은 지급하지 아니한다.

1. 거짓이나 그 밖의 부정한 방법으로 지급받은 체당금이 5천만 원 이상인 경우 : 550만 원 + (5천만 원 초과 부정수급액 × 100분의5)
2. 부정수급액이 1천만 원 이상 5천만 원 이하인 경우 : 150만 원 + (1천만 원 초과 부정수급액 × 100분의10)
3. 부정수급액이 1천만 원 미만인 경우 : 부정수급액 × 100분의15

제20조의4(신고 또는 고발의 기한) 포상금은 거짓이나 그 밖의 부정한 방법으로 체당금을 지급받은 사람이 그 체당금을 거짓이나 그 밖의 부정한 방법으로 지급받은 날부터 3년 이내에 신고하거나 고발한 경우에만 지급한다.

신고포상금

제20조의5(신고 또는 고발의 경합 시 포상금의 지급 방법) ① 동일한 체당금 부정수급행위에 대하여 2명 이상이 각각 신고하거나 고발한 경우에는 포상금액을 산정할 때 하나의 신고 또는 고발로 본다.

② 제1항의 경우 포상금은 부정수급행위의 적발에 기여한 정도 등을 고려하여 각각의 사람에게 적절하게 배분하여 지급하되, 포상금을 받을 사람이 포상금의 배분방법에 관하여 미리 합의하여 포상금 지급을 신청한 경우에는 그 합의된 방법에 따라 지급한다.

제20조의6(포상금의 지급 시기) 포상금은 법 제14조에 따른 **체당금 반환요구**의 통지 후 이에 대한 불복제기기간이 지나거나 불복절차가 종료되어 그 처분이 확정된 뒤에 지급한다.

☆ 법 제14조에 따른 체당금의 반환요구라 함은 부당한 방법으로 체당금을 수급한 사람에게 고용노동부장관이 반환을 요구하는 경우를 말한다.

제4절 「임금채권보장법 시행규칙」의 규정

제11조의2(부정수급사실의 신고 등) ① 시행령 제20조의2 제1항에 따른 부정수급사실의 신고는 별지 제12호 서식의 체당금 부정수급신고 및 포상금지급신청서에 따른다.

② 지방고용노동관서의 장은 영 제20조의2 제1항 또는 제2항에 따른 신고 또는 통보를 받았을 때에는 신고 또는 통보사항에 대하여 조사를 하고, 그 처리결과를 부정수급사실을 신고 또는 고

고용노동부

발한 사람에게 통보하여야 한다.

③ 영 제20조의2 제3항에 따라 포상금을 지급받으려는 사람은 별지 제12호 서식의 체당금 부정수급신고 및 포상금지급신청서에 따라 신청하여야 한다. 이 경우 포상금을 지급받으려는 사람이 2명 이상일 때에는 포상금 배분에 관한 합의각서 1부(배분액에 관한 합의가 성립한 경우에만 해당한다)를 첨부하여야 한다.

④ 포상금지급에 필요한 세부적인 사항은 고용노동부장관이 정한다.

신고포상금

(별지 제12호 서식)

체당금 부정수급 신고 및 포상금 지급신청서

접수번호		접수일		처리기간	체당금 : 30일 포상금 : 14일
신고인 (신청인)	성명		주민등록번호		입금계좌번호
	주소 · 전화번호				
신고한 부정수급의 내용					
부정수급자					
부정수급자 주소					
부정수급 신고 시 기재		부정수급자 근무 사업장			대표자 성명
		사업장 소재지			
		부정수급의 방법 (구체적으로 기재)			
포상금 지급신청 시 작성		포상금액			

☐ 「임금채권보장법 시행령」 제20조의2 제1항 및 같은 법 시행규칙 제11조의2 제1항에 따라 체당금 부정수급사실을 신고합니다.

☐ 「임금채권보장법 시행령」 제20조의2 제3항 및 같은 법 시행규칙 제11조의2 제3항에 따라 포상금 지급을 신청합니다.

년   월   일

신청인   (서명 또는 날인)

○○지방고용노동청 (○○○○지청장) 귀하

제4장 고용보험 관련 부정행위

제1절 제도의 이해

「고용보험법」에 근거한 고용보험사업은 고용노동부장관이 관장한다. 고용보험사업은 고용안정·직업능력개발사업, 실업급여, 육아휴직급여 및 출산전후휴직급여를 말한다. 고용보험 관련 부정행위라고 함은 위 고용보험사업과 관련하여 부당한 지급을 하는 등 부정한 행위를 말한다. 부정행위를 폭넓게 인정하면서 신고포상금도 상한과 하한의 폭이 매우 넓은 점이 이 포상금제도의 특색이다.

제2절 「고용보험법」의 규정

제112조(포상금의 지급) ① 고용노동부장관은 이 법에 따른 고용안정·직업능력개발사업의 지원·위탁 및 실업급여·육아휴직급여 또는 출산전후휴가급여 등의 지원과 관련한 부정행위를 신고한 자에게 예산의 범위에서 포상금을 지급할 수 있다.
② 제1항에 따른 부정행위의 신고 및 포상금의 지급에 필요한 사항은 고용노동부령으로 정한다.

신고포상금

제115조(권한의 위임·위탁) 이 법에 따른 고용노동부장관의 권한은 대통령령으로 정하는 바에 따라 그 일부를 직업안정기관의 장에게 위임하거나 대통령령으로 정하는 자에게 위탁할 수 있다.

제3절「고용보험법 시행령」의 규정

제145조(권한의 위임 등) ① 법 제115조에 따라 고용노동부장관은 다음 각 호의 사항에 관한 권한을 직업안정기관의 장에게 위임한다.
17. 법 제112조에 따른 포상금의 지급

제4절「고용보험법 시행규칙」의 규정

제157조(신고포상금의 지급대상 등) ① 법 제112조에 따라 고용노동부장관은 거짓이나 그밖의 부정한 방법으로 법에 따른 고용안정·직업능력개발사업의 지원을 받거나 실업급여, 육아휴직급여 또는 출산전후휴가급여 등을 지급받은 부정행위 등을 신고한 자에게 포상금을 지급한다.
② 부정행위를 신고하려는 자는 별지 제131호 서식의 부정행위 신고서를 부정행위를 한 자의 주소지 관할 직업안정기관의 장에게 제출하여야 한다.
③ 제2항에 따른 신고를 받은 직업안정기관의 장은 부정행위와 관련된 사실관계를 조사하고, 그 결과를 부정행위신고를 받은 날

고용노동부

부터 30일 이내에 부정행위신고자에게 알려야 한다.

④ 부정행위신고자가 법 제112조에 따른 포상금을 지급받으려면 제3항에 따른 통지를 받은 후 별지 제132호 서식의 신고포상금 지급신청서에 부정행위신고자가 2명 이상인 경우에는 포상금 배분에 관한 합의서 1부(배분액에 관한 합의가 성립한 경우에만 해당한다)를 첨부하여 해당 직업안정기관의 장에게 포상금의 지급을 신청하여야 한다.

⑤ 직업안정기관의 장은 포상금 지급신청일(피신고자가 심사청구 등의 이의를 제기하면 그 결정 등이 있은 날)부터 14일 이내에 포상금을 지급하여야 한다.

제158조(포상금의 지급기준) 포상금의 지급기준은 별표3과 같다.

제159조(신고의 경합 시 포상금의 지급방법) 같은 부정행위에 대하여 둘 이상의 자가 각각 신고한 경우에는 포상금액을 산정할 때 하나의 신고로 본다. 이 경우 포상금은 부정행위의 적발에 기여한 정도 등을 고려하여 각각의 자에게 적절하게 배분하여 지급하되, 포상금을 지급받을 자가 배분방법에 관하여 미리 합의하여 포상금의 지급을 신청하면 그 합의된 방법에 따라 지급한다.

제160조(포상금의 지급 제한) ① 포상금은 부정행위가 있었던 날부터 18개월 이내에 신고한 경우에만 지급한다.

② 제157조 제2항에 따라 신고받은 부정행위의 내용이 다음 각 호의 어느 하나에 해당하는 경우에 포상금을 지급하지 아니할 수 있다.

1. 언론매체에 의하여 이미 공개된 내용이거나 이미 조사 또는 수사 중인 경우

신고포상금

2. 공무원(직업안정기관에 두는 민간직업상담원 등을 포함한다)이 직무와 관련하여 부정 행위를 발견하여 신고한 경우
3. 부정행위를 한 자가 신고한 경우
4. 신고내용이 충분하지 아니하여 부정행위의 확인이 어려운 경우
5. 부정행위 신고자가 익명이거나 가명으로 신고하여 부정행위 신고자를 확인할 수 없는 경우
6. 포상금을 받을 목적으로 사전에 공모하는 등의 부정한 방법으로 신고한 경우

(별지 131호 서식)

부정행위신고서

접수번호		접수일자		처리기간 : 30일
신고인	성명		생년월일	
	주소			
	전화번호			
신고인	성명		생년월일	
	주소			
	전화번호			
신고한 부정행위 내용	부정행위자(사업장명 또는 훈련기관명)			
	주소(사업장 또는 훈련기관 소재지)			
	부정행위 신고내용(구체적으로 기재)			

「고용보험법」 제112조 및 같은 법 시행규칙 제157조 제2항의 구정에 따라 위와 같이 고용보험 부정행위를 신고합니다.

년   월   일

신고인   (인)

○○지방고용노동청(○○지청장) 귀하

고용노동부

(별지 제132호 서식)

신고포상금 지급신청서

접수번호		접수일자		처리기간 : 14일	
신청인	성명	주민등록번호			
	주소 전화번호				
	입금계좌	은행명 :	계좌번호 :		예금주 :
신고한 부정행위 내용	부정행위자(자업장명 또는 훈련기관명)				
	포상신청금액				

「고용보험법」 제112조 및 같은 법 시행규칙 제157조 제4항에 따라 위와 같이 포상금 지급을 신청합니다.

년   월   일

신청인   (인)

○○지방고용노동청(○○지청)장 귀하

 신고포상금

(별표 3)

포상금의 지급기준

부정행위	포상기준
1. 거짓이나 그 밖의 부정한 방법으로 고용안정·직업능력개발사업의 지원을 받은 행위	거짓이나 그 밖의 부정한 방법으로 지원받은 금액의 100분의30에 해당하는 금액. 다만, 그 하한액은 1만 원으로 하고, 상한액과 1명당 연간 지급한도는 각각 3,000만 원으로 한다.
2. 거짓이나 그 밖의 부정한 방법으로 실업급여를 지급 받은 행위	거짓이나 그 밖의 부정한 방법으로 지급받은 금액의 100분의20에 해당하는 금액. 다만, 그 하한액은 1만 원으로 하고, 상한액과 1명당 연간 지급한도는 500만 원으로 하되, 피보험자와 사업주가 공모하는 경우에는 5,000만 원으로 한다.
3. 거짓이나 그 밖의 부정한 방법으로 육아휴직급여 또는 산전후휴가급여 등을 지급받은 행위	거짓이나 그 밖의 부정한 방법으로 지급받은 금액의 100분의20에 해당하는 금액. 다만, 그 하한액은 1만 원으로 하고, 상한액과 1명당 연간 지급한도는 500만 원으로 한다.

제5장 근로자 직업훈련 관련 부정행위

제1절 제도의 이해

고용노동부는 근로자의 직업능력 등을 개발하기 위하여 직업능력개발사업을 실시한다. 그런데 고용노동부에 그러한 교육 및 훈련을 실시할만한 여건이 갖추어지지 아니한 경우에는 다른 기관이나 단체 등에 위탁하여 위 사업을 실시하고 있다.

고용노동부로부터 이러한 권한을 위탁받은 직업능력개발훈련시설로는 국가기관 · 지방자치단체 · 한국산업인력공단 · 한국장애인고용공단 · 근로복지공단 · 직업전문학교 · 실용전문학교가 있다.

「근로자직업능력 개발법」에 의하여 이들 훈련시설이 저지른 부정행위를 신고한 사람에게 신고포상금을 지급하는 신고대상 부정행위는 주로 부정한 방법으로 국가의 예산을 과다하게 지출하도록 하여 위 시설의 운영자가 부당한 이득을 챙기는 행위이다. **포상금액은 50만 원부터 3천만 원**까지이다.

신고포상금

제2절 「근로자직업능력 개발법」의 규정

제57조(신고포상금) ① 고용노동부장관은 이 법에 따른 직업능력개발 사업을 하거나 위탁을 받은 자의 부정행위를 신고하는 자에게 예산의 범위 안에서 포상금을 지급할 수 있다. ② 제1항에 따른 부정행위의 신고 및 포상금의 지급에 필요한 사항은 고용노동부령으로 정한다.

제3절 「근로자직업능력 개발법 시행령」의 규정

제52조(권한의 위임·위탁) ① 고용노동부장관은 법 제60조에 따라 의 규정에 따라 다음 각 호의 권한을 지방고용노동관서의 장에게 위임한다.
12. 법 제57조에 따른 포상금의 지급에 관한 사항

제4절 「근로자직업능력 개발법 시행규칙」의 규정

제23조(신고포상금의 지급대상 등) ① 고용노동부장관은 법 제57조에 따라 직업능력개발사업을 하거나 위탁을 받은 자의 다음 각 호의 어느 하나에 해당하는 부정행위를 신고한 자에게 포상금을 지급한다.
1. 법 제16조 제2항 제1호부터 제3호까지 중 어느 하나에 해당하는 행위로서 별표1에 따른 위탁계약해지의 대상이 되는 행위

* 보충 : 거짓이나 그 밖의 부정한 방법으로 위탁을 받은 경우 및 훈련비용을 받았거나 받으려고 한 경우, 위탁계약을 위반하여 직업능력개발훈련을 실시한 경우를 말한다.
2. 법 제19조 제2항 제1호부터 제5호까지 및 제24조 제2항 제1호부터 제5호까지의 어느 하나에 해당하는 행위로서 별표1의2 및 별표2에 따른 인정취소의 대상이 되는 행위

* 보충 : 거짓이나 부정한 방법으로 계좌적합훈련과정의 인정을 받은 경우 및 훈련비용을 지원·융자를 받았거나 받으려고 한 경우, 직업능력훈련을 수강하는 근로자로부터 거짓이나 그 밖의 부정한 방법으로 비용을 받았거나 받으려고 한 경우, 직업능력훈련과정을 수강하는 근로자에게 거짓이나 그 밖의 부정한 방법으로 훈련비용을 지원 또는 융자받게 한 경우, 계좌적합훈련과정으로 인정받은 내용을 위반하여 직업능력개발훈련을 실시한 경우, 거짓이나 그 밖의 부정한 방법으로 직업능력개발훈련과정을 받은 경우 및 비용·융자를 받았거나 받으려고 한 경우, 직업능력개발훈련을 위탁한 사업주·사업자단체 등이 거짓이나 그 밖의 부정한 방법으로 훈련비용을 지원 또는 융자받게 한 경우, 직업능력개발훈련과정으로 인가받은 내용에 위반하여 직업능력개발훈련을 실시한 경우가 여기에 해당한다.

② 부정행위를 신고하려고 하는 자는 별지 제14호 서식의 부정행위신고서에 부정행위를 증명할 수 있는 자료를 첨부하여 부정행위를 한 자의 소재지를 관할하는 지방고용노동관서의 장에게 신고하여야 한다.

③ 제2항에 따른 부정행위의 신고를 받은 지방고용노동관서의

신고포상금

장은 부정행위와 관련된 사실관계를 조사하고, 그 결과를 신고자에게 통지하여야 한다.

④ 부정행위의 신고자는 포상금을 지급받으려면 제3항에 따른 통지를 받은 후 별지 제15호 서식의 신고포상금지급신청서에 다음 각 호의 첨부서류를 모두 첨부하여 지방고용노동관서의 장에게 포상금의 지급을 신청하여야 하며, 지방고용노동관서의 장은 신청일부터 14일 이내에 포상금을 지급하여야 한다.
1. 조사결과통지서 사본 1부
2. 통장 사본 1부

제24조(포상금의 지급기준) 포상금의 지급기준은 별표7과 같다.

제25조(부정행위의 신고기한) 포상금은 부정행위별로 다음 각 호의 구분에 따른 시기에 신고한 경우에만 지급한다.
1. 법 제16조 제2항 제1호 및 제3호의 부정행위는 위탁계약을 체결한 날부터 해당 훈련과정의 종료 후 1년까지
2. 법 제16조 제2항 제2호의 부정행위 중 거짓이나 그 밖의 부정한 방법으로 비용을 받은 경우에는 비용을 받은 날부터 3년까지
3. 법 제16조 제2항 제2호의 부정행위 중 거짓이나 그 밖의 부정한 방법으로 비용을 받으려고 한 경우에는 비용의 지급을 청구한 날부터 지급 전까지
4. 법 제19조 제2항 제1호 및 제24조 제2항 제1호의 부정행위는 훈련과정의 인정받은 날부터 인정효력의 종료 후 1년까지
5. 법 제19조 제2항 제2호부터 제4호까지 및 법 제24조 제2항 제2호부터 제4호까지의 부정행위 중 거짓이나 그 밖의 부정한 방법으로 비용의 지원 또는 융자를 받은 경우에는 지원 또는 융

자를 받은 날부터 3년까지

6. 법 제19조 제2항 제2호부터 제4호까지 및 법 제24조 제2항 제2호부터 제4호까지의 부정행위 중 거짓이나 그 밖의 부정한 방법으로 비용의 지원 또는 융자를 받으려는 경우에는 지원 또는 융자를 청구한 날부터 지원 또는 융자 전까지

7. 법 제19조 제2항 제5호 및 제24조 제2항 제5호의 부정행위는 인정받은 훈련과정에 의한 훈련의 개시일부터 훈련종료 후 1년까지

제26조(신고의 경합 시 포상금의 지급방법) ① 같은 훈련과정의 같은 부정행위에 대하여 둘 이상의 자가 각각 신고한 경우 포상금액을 산정할 때에는 이를 하나의 신고로 본다. 이 경우 포상금은 부정행위의 적발에 기여한 정도 등을 고려하여 각각의 자에게 적절하게 배분하여 지급하되, 포상금을 지급받을 자가 배분방법에 관하여 미리 합의하여 포상금의 지급을 신청한 경우에는 그 합의된 방법으로 지급한다.

② 같은 훈련과정에 대하여 둘 이상의 부정행위를 신고한 경우에는 포상금액이 가장 큰 부정행위에 대한 신고를 한 것으로 본다. 다만, 각각의 부정행위에 대한 신고자가 다른 경우에는 그러하지 아니하다.

제27조(포상금의 지급제한) ① 신고받은 부정행위의 내용이 언론 매체에 이미 공개된 내용이거나 이미 조사 또는 수사 중인 경우에는 포상금을 지급하지 아니할 수 있다.

② 부정행위 신고자가 고용노동부 소속 공무원 또는 직원인 경우에는 포상금을 지급하지 아니한다.

신고포상금

(별지 제14호 서식)

부정행위신고서

직업능력개발사업 부정행위신고서			처리기간
			30일
신고인	성명		생년월일	
	주소			
신고기관	훈련기관명			
	소재지			
신고내용	신고대상 훈련기관의 부정행위를 알게 된 경위 및 부정행위의 내용 등을 육하원칙에 따라 구체적으로 작성함(별지에 작성 가능)			

「근로자직업능력 개발법」제57조 및 같은 법 시행규칙 제23조 제2항에 따라 위 신고기관의 직업능력개발사업 부정행위를 신고합니다.

년 월 일

신고인 (인)

○○지방고용노동청장(지청장 · 출장소장) 귀하

첨부 : 부정행위를 증명할 수 있는 자료

(별지 15호 서식)

신고포상금 지급신청서

신고포상금 지급신청서				처리기간	
				14일	
신청인	성명		생년월일	입금계좌	
	주소				
신고한 부정행위의 내용					
신고일					
부정행위를 한 훈련기관					
부정행위의 내용					
「근로자직업능력 개발법」 제42조 및 같은 법 시행규칙 제23조 제4항에 따라 위와 같이 포상금의 지급을 신청합니다. 　　　　　　　　　년　　　월　　　일 　　　　　　　　신청인　　　　　　(인) ○○지방고용노동청장(지청장·출장소장) 귀하					
첨부서류 조사결과 통지서 사본 1부 통장 사본 1부					

제6장 산업재해보상보험금 등의 부정수급

제1절 제도의 이해

「산업재해보상보험법」은 산업재해의 예방, 재해근로자의 재활 및 사회복귀를 촉진하는 등 근로자의 보호를 목적으로 하는 법률이다. 산업재해보상보험에 관한 업무(보험료의 징수 및 보험금의 지급 등)는 근로복지공단에서 담당하고 있는바, 보험금을 부정한 방법으로 지급받는 행위를 신고하도록 유도하여 보험재원의 부당한 유출을 막고자 하는 것이 이 신고포상제도의 주된 목적이다. 신고의 대상인 상대방은 진료비 및 약제비를 부당하게 청구하여 지급받는 등 부정행위를 저지른 의료기관 및 약국이 그 대상이다.

제2절 「산업재해보상보험법」의 규정

제119조의2(포상금의 지급) 근로복지공단은 제84조 제1항 및 같은 조 제3항에 따라 보험급여, 진료비 또는 약제비를 부당하게 지급받은 자를 신고한 사람에게 예산의 범위에서 고용노동부령으로 정하는 바에 따라 포상금을 지급할 수 있다.

제84조(부당이득의 징수) ① 공단은 보험급여를 받은 자가 다음 각 호의 어느 하나에 해당하면 그 급여액에 해당하는 금액(제1호의 경우에는 그 급여액의 2배에 해당하는 금액)을 징수하여야 한다. 이 경우 공단이 제90조 제2항에 따라 국민건강보험공단 등에 청구하여 받은 금액은 징수할 금액에서 제외한다.
1. 거짓이나 그 밖의 부정한 방법으로 보험급여를 받은 경우
2. 수급권자 또는 수급권이 있었던 자가 제114조 제2항부터 제4항까지의 규정에 따른 신고의무를 이행하지 아니하여 부당하게 보험급여를 지급받은 경우
3. 그 밖에 잘못 지급된 보험급여가 있는 경우

③ 공단은 산재보험 의료기관이나 제46조 제1항에 따른 약국이 다음 각 호의 어느 하나에 해당하면 그 진료비나 약제비에 해당하는 금액을 징수하여야 한다. 다만, 제1호의 경우에는 그 진료비나 약제비의 2배에 해당하는 금액(제44조 제1항에 따라 과징금을 부과하는 경우에는 그 진료비에 해당하는 금액)을 징수한다.
1. 거짓이나 그 밖의 부정한 방법으로 진료비나 약제비를 지급받은 경우
2. 제40조 제5항 및 제91조의9 제3항에 따른 요양급여의 산정기준을 위반하여 부당하게 진료비나 약제비를 지급받은 경우
3. 그 밖에 진료비나 약제비를 잘못 지급받은 경우

신고포상금

제3절 「산업재해보상보험법 시행규칙」의 규정

제73조의2(포상금의 지급기준) ① 법 제119조의2에 따른 포상금은 신고가 접수된 날까지 부당하게 지급된 보험급여, 진료비 또는 약제비(소멸시효가 완성된 금액은 제외한다. 이하 "보험급여등"이라 한다)를 합산한 금액에 대하여 다음 각 호의 구분에 따라 지급한다.
1. 보험급여등 합산금액(이하 "합산금액"이라 한다)이 5천만 원 이상일 경우 : 550만 원 + (5천만 원 초과합산금액 × 100분의5)
2. 합산금액이 1천만 원 이상 5천만 원 미만인 경우 : 150만 원 + (1천만 원 초과합산 금액 × 100분의10)
3. 합산금액이 1천만 원 미만인 경우 : 합산금액 × 100분의15

② 제1항에도 불구하고 보험급여등을 부당하게 지급받은(이하 "부정수급"이라 한다)사람에 대한 장해보상연금, 유족보상연금, 진폐보상연금 또는 진폐유족연금의 지급이 중단되거나 지급액이 변경된 경우에는 제1항에서 정한 포상금에 별표7의 기준에 따라 산정한 포상금을 더하여 지급한다.

③ 제1항 및 제2항에도 불구하고 동일한 부정수급행위에 대하여 지급되는 **포상금은 3천만 원을 초과할 수 없으며**, 산정된 포상금이 1만 원 미만인 경우에는 1만 원을 지급한다.

④ 동일한 부정수급행위에 대하여 2명 이상이 각각 신고한 경우에는 가장 먼저 신고한 사람에게 포상금을 지급하고, 공동으로 신고한 경우에는 포상금을 동일하게 나누어 신고자에게 지급한다.

⑤ 신고자 1명에 대한 포상금 연간 누적지급액은 3천만 원를 초과할 수 없다.

고용노동부

제73조의3(포상금의 지급제한) 공단은 다음 각 호의 어느 하나에 해당하는 경우에는 포상금을 지급하지 아니할 수 있다.

1. 공무원, 공단의 임직원,「공공기관의 운영에 관한 법률」에 따른 공공기관이나 그 밖에 공공단체의 임직원이 그 직무와 관련하여 알게 된 내용을 신고한 경우
2. 부정수급한 사람이 신고한 경우
3. 신고 내용이 언론매체 등을 통해 공개되었거나 이미 조사 또는 수사 중인 경우
4. 성명·주소 등이 분명하지 아니하여 신고자를 확인할 수 없는 경우
5. 제73조의4 제3항에서 정한 기간 내에 포상금 지급을 신청하지 않은 경우
6. 포상금을 받을 목적으로 사전공모 또는 이와 유사한 방법으로 신고한 경우

제73조의4(포상금의 지급방법) ① 공단은 신고 내용에 대하여 사실관계를 조사하여야 한다. 다만, 신고 내용이 명확하지 않아 부정수급행위의 확인이 불가능할 것으로 예상되는 경우 조사를 하지 아니할 수 있다.

② 제1항에 따른 조사가 완료된 날(피신고자가 심사청구 등의 이의를 제기한 경우에는 이의제기에 대한 처분이 확정된 날)부터 7일 이내에 처분결과를 신고자에게 알려야 한다.

③ 신고자는 제2항에 따른 통지를 받은 날부터 1년 이내에 포상금지급신청서를 제출하여야 한다.

④ 공단은 제3항에 따른 포상금지급신청서를 접수한 날부터 7일

신고포상금

이내에 포상금을 지급하여야 한다.

⑤ 공단은 포상금 지급과 관련하여 알게 된 신고 내용과 신고자의 신상정보 등을 타인에게 제공하거나 누설하여서는 아니된다.

⑥ 이 규칙에서 규정한 사항 외에 포상금의 신청과 지급방법 등에 관하여 필요한 사항은 공단이 정한다.

* 공단이 정한 것은 근로복지공단 홈페이지(www.kcomwel.or.kr)에서 고시 · 규정 · 세칙 등을 조회할 수 있다.

제7장 건설근로자 퇴직공제금 부정수급

제1절 제도의 취지

「건설근로자의 고용개선 등에 관한 법률」은 특별히 건설업에 종사하는 근로자의 퇴직급여를 보장하기 위하여 제정된 법률이다. 건설근로자에 대한 퇴직공제라고 함은 사업주가 근로자를 피공제자로 하여 건설근로자공제회에 공제부금을 내고, 피공제자가 건설업에서 퇴직하는 경우에 건설근로자공제회가 퇴직금을 직접 지급하는 제도를 말한다. 이 신고포상제도는 이 퇴직금을 부정한 방법으로 수급(수령)하는 행위를 신고하는 사람에게 포상하는 것을 내용으로 한다.

제2절 법률의 규정

제16조의2(신고포상금의 지급) 건설근로자공제회는 다음 각 호의 어느 하나에 해당하는 자를 신고하는 자에게는 고용노동부령으로 정하는 바에 따라 포상금을 지급할 수 있다.
  1. 거짓이나 그 밖의 부정한 방법으로 퇴직공제금을 지급받은 자
  2. 거짓 보고나 거짓 증명으로 퇴직공제금을 지급받게 한 자

신고포상금

제3절 「법 시행규칙」의 규정

제19조(신고포상금의 지급대상 등) ① 건설근로자공제회는 법 제16조의2에 따라 거짓이나 그 밖의 부정한 방법으로 퇴직공제금을 지급받거나, 거짓 보고 또는 증명으로 퇴직공제금을 지급받게 한 행위(이하 "부정행위"라 한다)를 신고한 자(이하 "부정행위 신고자"라 한다)에게 포상금을 지급한다.

② 부정행위를 신고하려는 자는 별지 제15호 서식의 건설근로자 퇴직공제 부정행위신고서에 부정행위를 증명할 수 있는 자료를 첨부하여 공제회에 제출하여야 한다.

③ 제2항에 따른 신고를 받은 공제회는 부정행위와 관련된 사실관계를 조사하고, 그 결과를 부정행위신고서를 받은 날부터 30일 이내에 부정행위 신고자에게 통지하여야 한다.

④ 부정행위 신고자는 법 제16조의2에 따른 포상금을 받으려면 제3항에 따른 통지를 받은 후 별지 제16호 서식의 신고포상금 지급신청서에 다음 각 호의 서류를 첨부하여 공제회에 포상금 지급을 신청하여야 한다.

1. 부정행위 신고자가 2명 이상인 경우 포상금 배분에 관한 합의서 1부(배분금액에 관한 합의가 성립한 경우에만 해당한다)
2. 계좌번호가 표시된 예금통장 사본 1부

⑤ 공제회는 포상금 지급신청일(피신고자가 이의를 제기하는 경우에는 재조사가 끝나는 날)부터 14일 이내에 포상금을 지급하여야 한다.

제20조(신고포상금의 지급기준) 부정행위의 신고에 대한 포상금은 퇴

직공제금으로 지급받은 금액 중 거짓이나 그 밖의 부정한 방법으로 받은 것으로 인정되는 금액의 100분의10에 해당하는 금액으로 하되, 그 100분의10에 해당하는 금액이 1만 원 미만인 경우에는 1만 원을, 50만 원을 초과하는 경우에는 50만 원을 그 포상금으로 하고, 신고에 대한 포상금의 **1인당 연간 지급 상한은 100만 원**으로 한다.

제21조(신고의 경합 시 포상금의 지급방법) 동일한 부정행위를 2명 이상의 자가 각각 신고한 경우 포상금을 산정할 때에는 이를 하나의 신고로 본다. 이 경우 포상금은 부정행위의 적발에 기여한 정도 등을 고려하여 각각의 자에게 배분하여 지급하되, 포상금을 지급받을 자가 배분방법에 미리 합의하여 포상금의 지급을 신청한 경우에는 그 합의된 방법에 따른다.

제22조(포상금의 지급제한) 다음 각 호의 어느 하나에 해당하는 경우에는 포상금을 지급하지 아니할 수 있다.

1. 신고받은 부정행위의 내용이 언론매체 등에 의하여 신고 전에 공개된 내용이거나 공제회나 관계 행정기관에서 신고 당시에 이미 조사 또는 수사 중인 경우
2. 공무원이 직무와 관련하여 부정행위를 발견하여 신고한 경우
3. 부정행위를 한 자가 신고한 경우
4. 신고 내용이 불분명하여 부정행위의 확인이 현저히 곤란한 경우
5. 부정행위 신고자가 익명이나 가명으로 신고하여 부정행위 신고자를 확인할 수 없는 경우
6. 포상금을 받을 목적으로 미리 공모하는 등 부정한 방법으로 신고한 경우

 신고포상금

(별지 제15호 서식)

건설근로자퇴직공제 부정행위신고서

접수기간		접수일	처리기간 : 30일
신고인	성명		주민등록번호
	주소 전화번호		
신고인	성명		주민등록번호
	주소 전화번호		
신고할 부정행위 내용			
부정행위자(시공자명 또는 사업장명)			주된 사무소의 주소(법인의 경우 법인의 주소·전화번호)
주소(사업장 소재지)			
부정행위 신고 내용(구체적으로 기재)			

「건설근로자의 고용개선 등에 관한 법률」 제16조의2와 같은 법 시행규칙 제19조 제2항에 따라 위와 같이 부정행위를 신고합니다.

년   월   일

신고인   (인)

건설근로자공제회 귀중

고용노동부

제4절 신고사실을 증명하는 자료

「법 시행규칙」제19조 제2항은 "부정행위를 증명할 수 있는 자료를 첨부하여"라고 규정하였다. 간혹 다른 법령에서도 이러한 규정이 눈에 띈다. 여기에서 말하는 자료는 무엇을 의미하는 것일까?

위 질문은 신고하는 사람이 증명해야 할 범위에 관한 것이다. 그에 대한 답을 찾기 위해서는 먼저 "수사"와 "내사"의 차이점을 이해할 필요가 있다. 수사는 범죄의 혐의를 입증(立證)하기 위해서 그 범죄의 증거를 찾는 과정이며, 수사를 담당하는 검사 및 사법경찰관에게는 국가에서 강제력을 행사할 수 있는 권한을 주었다. 그러나 내사(內査)는 겉으로 드러나지 않게 은밀히 조사하는 것을 이르는 말이다. 수사기관도 마찬가지이다. 공개수사에 착수하기 전단계이기 때문이다.

공익(公益)을 위하여 신고를 하는 사람(이하 "공익신고자"라고 한다)은 수사권이 없다. 내사를 할 수는 있으나 한계가 있다. 우리나라는 사립탐정(私立探偵)의 자유활동을 공식적으로는 인정하지 않기 때문이다. 즉 많은 나라에서 인정하고 있는 Detective, Private-investigator, Private eye 등과 유사한 제도가 우리에게는 없다.

결국 우리나라에서는 공익신고자로 활동을 하거나 비전업자이거나를 막론하고 공익을 위하여 신고하려는 사람은 매우 제한된 범위 안에서 내사에 해당하는 조사를 할 수 있을 뿐이다. 그렇다면 어떠한 증거자료를 수중에 넣을 수 있는가?

만약 증거자료를 손에 넣었다면 몰래 찍은 사진이나 동영상 또는 몰래한 녹음일 것이다. 이들 자료는 타인의 프라이버시(Privacy)를 침해할 가능성이 있다. 자칫 범죄행위가 될 수도 있다. 다른 자료는 없을까? 생

신고포상금

각해볼 수 있는 것은 내가 몸담고 있는 직장 등에서 필요한 문서를 몰래 복사하는 경우이다. 이 경우는 그 자체가 절도죄를 구성한다. 다만, 그 용도가 공익일 경우에는 형(刑)이 감경 또는 면제될 뿐이다.

공익신고자가 증거를 수집함에는 한계가 있다는 사실을 알았다. 이러한 사정을 국가는 잘 알고 있다. 공익신고자는 국가에게 신고한다. 국가는 법령도 잘 알고 있다. 자기가 만든 것이기 때문이다. 그런데 증명할 수 있는 자료를 첨부하라고 한다. "만약 증명할 자료가 있으면 첨부하여야 한다"라고 규정하였어야 할 것이었음에도 입법(立法) 과정에서 실수한 것으로 이해하고 싶다.

따라서 공익을 위하여 애쓰는 우리는 수사 또는 조사에 착수할 수 있는 타당성 있는 소명(疏明)을 함으로써 충분하다. 수사 또는 조사를 개시할 수 있는 – 납득할 수 있는 – 설명을 붙여서 신고 또는 고발을 하면 된다. 이렇게 하였음에도 불구하고 국가기관이 움직이지 않는다면 그 기관의 관련자에게는 책임을 물을 수도 있을 것이다. 국가가 국민에게 수사까지 요구할 수는 없기 때문이다.

공정거래위원회

제8장 불공정거래

제1절 신고대상 법위반 행위

「독점규제 및 공정거래에 관한 법률」은 과도한 경제력 집중에 따른 시장지배적 지위의 남용을 막고 부당한 공동행위 및 불공정거래행위를 규제하는 것을 목적으로 하는 법률이다. 이 법에 의해 규제를 받는 대상은 중소기업으로부터 대기업집단(재벌)에 이르기까지 그 범위가 매우 넓다는 점이 특색이라고 할 수 있다. 이 법을 위반하는 모든 행위가 신고대상이다. 따라서 신고대상 법위반 행위의 유형도 다양하며, 신고에 따른 포상금도 비교적 다액이라고 말할 수 있다. 우리 경제계에서 끊임없이 문제되는 이른바 "갑·을관계"의 횡포 및 **입찰담합행위**가 대표적인 법위반행위이다. **법률의 규정들을 별도로 검색**할 것을 권한다.

신고대상 법위반 행위에 관해서는 대통령령인 이 법 시행령을 인용하면서 해당 규정을 소개할 때에 아울러 소개하기로 한다. 신고포상금을 산정하는 기준과 포상금액에 관하여는 공정거래위원회가 만든 규정에 의하여 구체화하고 있는데 다음에 이들도 소개한다.

☆ 입찰담합행위 : 입찰에 참가한 사람들이 서로 짜고 특정한 입찰 참가자를 계약자로 만들기 위해서 나머지 통모(通謀)한 사람들은

신고포상금

특정 가격 이상이나 그 이하로는 입찰하지 않기로 하는 행위를 말한다.

☆ 법령 검색 요령 : 1. ① 법제처 홈페이지(www.moleg.go.kr) → ② 국가법령 → ③ 검색어 "독점규제"

2. ① 대법원 홈페이지(www.scourt.go.kr) → ② 대국민서비스 → ③ 종합법률정보 → ④ 법령 → ⑤ 검색어 "독점규제"

제2절 법률의 규정

제64조의2(포상금의 지급) 공정거래위원회는 이 법의 위반행위를 신고 또는 제보하고 이를 입증할 수 있는 증거자료를 제출한 자에 대하여 예산의 범위 안에서 포상금을 지급할 수 있다. 포상금의 지급대상이 되는 이 법 위반행위 및 포상금 지급대상자의 범위, 포상금 지급의 기준·절차 등에 관하여 필요한 사항은 대통령령으로 정한다.

제3절 「법 시행령」의 규정

제64조의7(포상금의 지급) ① 법 제64조의2에 따른 포상금의 지급대상이 되는 법위반 행위는 다음 각 호의 어느 하나에 해당되는 행위로 한다.

공정거래위원회

1. 법 제19조 제1항 각 호의 부당한 공동행위
    * 법 제19조 제1항에서는 사업자가 계약·협정·결의 등 어떠한 방법으로도 다른 사업자와 공동으로 부당하게 경쟁을 제한할 수 있는 다음의 행위를 금지시키고 있다.
    1. 가격을 결정·유지·변경하는 행위
    2. 상품·용역의 거래조건이나 대금·대가의 지급조건을 정하는 행위
    3. 상품의 생산·출고·수송, 거래의 제한 또는 용역의 거래를 제한하는 행위
    4. 거래지역·거래상대방을 제한하는 행위
    5. 생산·용역의 거래를 위한 설비의 신설·증설이나 장비의 도입을 방해하거나 제한하는 행위
    6. 상품·용역의 생산·거래 시에 그 상품·용역의 종류·규격을 제한하는 행위
    7. 영업의 주요부분을 공동으로 수행·관리하거나 수행·관리하기 위한 회사 등을 설립하는 행위
    8. 입찰·경매에 있어서 낙찰자, 경락자, 투찰가격, 낙찰가격 또는 경락가격, 그 밖에 대통령령으로 정하는 사항을 결정하는 행위
    9. 제1호부터 제8호까지 외의 행위로서 다른 사업자(그 행위를 한 사업자를 포함한다)의 사업활동·사업내용을 방해나 제한함으로써 일정한 분야에서 경쟁을 실질적으로 제한하기 위한 행위
2. 법 제23조 제1항 제1호 내지 제5호의 행위 중 신문업(「신문 등

신고포상금

의 진흥에 관한 법률」 제2조 제1호 가목부터 라목까지에서 규정하고 있는 신문을 발행하거나 판매하는 사업을 말한다)에 있어서의 불공정거래행위

* 법 제23조 제1항에서는 다음 불공정거래행위를 금지시키고 있다.
  1. 부당하게 거래를 거절하거나 거래의 상대방을 차별하여 취급하는 행위
  2. 부당하게 경쟁자를 배제하는 행위
  3. 부당하게 경쟁자의 고객을 자기와 거래하도록 유인하거나 강제하는 행위
  4. 자기의 거래상의 지위를 부당하게 이용하여 상대방과 거래하는 행위
  5. 거래의 상대방의 사업활동을 부당하게 구속하는 조건으로 거래하거나 다른 사업자의 사업 활동을 방해하는 행위

3. 법 제23조 제1항 제3호의 행위 중 부당하게 경쟁자의 고객을 자기와 거래하도록 유인하는 행위
4. 법 제23조 제1항 제3호의 행위 중 부당하게 자기 또는 계열회사의 임직원으로 하여금 자기 또는 계열회사의 상품이나 용역을 구입 또는 판매하도록 강제하는 행위
5. 법 제23조 제1항 제4호의 행위 중 대규모소매점업(매장면적의 합계가 공정거래위원회에서 정하는 일정규모 이상인 동일 점포에서 일반소비자가 일상적으로 사용하는 여러 가지 종류의 상품을 판매하는 사업을 말한다)의 불공정거래행위
6. 법 제23조 제1항 제7호에 해당하는 불공정거래행위

* 법 제23조 제1항 제7호에서는 특수관계인 또는 다른 회사에 대하여 가지급금·대여금·인력·부동산·유가증권·상품·용역·무체재산권 등을 제공하거나 상당히 유리한 조건으로 거래하는 행위와 다른 사업자와 직접 상품·용역을 거래하면 상당히 유리함에도 불구하고 거래상 실질적인 역할이 없는 특수관계인이나 다른 회사를 매개로 거래하는 행위를 금지시키고 있다.

☆ 특수관계인 : **특수관계인**의 범위에 관하여는 「자본시장과 금융투자업에 관한 법률」,「상법」,「국세기본법」 등 법률마다 그 범위가 다르다. 여기에서는 일단 대주주와 친족 또는 일정한 관계에 있음으로 인하여 사실상 경영의 주요한 사항에 영향을 미치는 사람이나 법인으로 이해하면 될 것이다.

7. 법 제26조 제1항 제1호 내지 제3호의 **사업자단체**의 금지행위

* 법 제26조 제1항은 사업자단체에 대하여 다음의 행위를 금지시키고 있다.

1. 제19조 제1항 각호의 행위에 의하여 부당하게 경쟁을 제한하는 행위
2. 일정한 거래분야에 있어서 현재나 장래의 사업자 수를 제한하는 행위
3. 사업자단체의 구성원인 사업자의 사업 내용이나 활동을 부당하게 제한하는 행위

☆ 사업자단체 : 사업자단체는 2이상의 사업자가 공동의 이익을 증진할 목적으로 조직한 결합체 내지 연합체를 말한다.

② 법 제64조의2의 규정에 따른 포상금 지급대상자는 제1항 각

신고포상금

호의 행위를 신고하거나 제보하고, 이를 입증할 수 있는 증거자료를 최초로 제출한 자로 한다. 다만, 그 법위반 행위를 한 사업자를 제외한다.

③ 공정거래위원회는 특별한 사정이 있는 경우를 제외하고 신고 또는 제보된 행위를 법 위반 행위로 의결한 날(이의신청이 있는 경우에는 재결한 날)부터 3월 이내에 포상금을 지급한다.

④ 포상금의 지급에 관여한 조사공무원은 신고자 또는 제보자의 신원 등 신고 또는 제보와 관련한 사항을 타인에게 제공하거나 누설하여서는 아니 된다.

⑤ 각 행위 유형별 구체적인 포상금 지급기준은 법위반 행위의 중대성 및 증거의 수준 등을 고려하여 공정거래위원회가 정하여 고시한다.

⑥ 포상금의 지급에 관한 사항을 심의하기 위하여 공정거래위원회에 신고포상금심의위원회를 둘 수 있다.

⑦ 심의위원회의 설치·운영에 관한 사항, 그 밖의 포상금의 지급에 관하여 필요한 사항은 공정거래위원회가 정하여 고시한다.

제4절 「공정거래법 위반행위 신고자에 대한 포상금 지급에 관한 규정(2008. 12. 20. 개정)」

제2조(포상금 지급대상자) ① 시행령 제64조의6 제1항 각 호의 위법행위를 신고 또는 제보하고 당해 신고 또는 제보의 입증에 필요한 증거자료를 제출한 자를 포상금 지급대상자로 한다.

공정거래위원회

② 제1항의 증거자료 제출과 관련하여 제보자가 증거자료를 직접 제출하는 외에 증거자료를 보유하고 있는 사람 또는 증거자료가 있는 장소를 구체적으로 특정하여 제보하고 사후 공정거래위원회의 조사결과 제보된 사람 또는 장소로부터 제보된 증거가 발견된 경우에는 제보자가 그 사람 또는 장소를 제보한 때에 증거자료를 제출한 것으로 본다. 다만, 증거자료가 있는 회사 또는 부서만을 특정한 경우에는 그러하지 아니하다.

③ 동일한 사업자의 동일한 위반행위에 대하여 복수의 신고 또는 제보가 있는 경우에는 당해 위법행위 입증에 필요한 증거자료를 먼저 제출한 자를 포상금 지급대상자로 한다.

④ 복수의 신고자가 개별적으로는 충분한 입증자료를 제출하지 못하였으나 복수의 신고자가 제출한 입증자료를 종합하면 당해 위법행위의 입증에 충분한 증거자료가 되는 경우에는 당해 신고사건에 대한 포상금을 복수의 신고자들에 대하여 균등비율로 분할하여 지급한다.

⑤ 공무의 수행 또는 그 과정에서 공정거래법 위반행위를 지득한 공무원 또는 공공기관 종사자와 공정거래위원회에 소속 또는 파견된 공무원은 포상금 지급대상자에서 제외한다.

⑥ 위법 또는 부당한 방법으로 수집한 증거를 제출(제보)한 자에 대해서는 신고포상금을 지급하지 아니한다.

제3조(포상금 지급기준) ① 포상금은 신고인이 제보한 증거 또는 정보의 수준, 법위반의 중대성을 감안하여 지급결정이 있는 당해연도 포상금예산의 범위에서 지급한다.

② 포상금 지급대상 위반행위 유형별 포상금 산정기준은 별표1

신고포상금

과 같다.

③ 위 제2항의 규정에 의한 포상금의 지급으로 당해연도의 예산이 부족할 것으로 예상되는 경우에는 산정된 지급액의 100분의 75의 범위 내에서 포상금을 지급할 수 있다.

제5조(포상금의 지급) ① 공정거래위원회는 당해 포상금 지급대상자로부터 포상금 수령의사를 확인한 경우 그 날로부터 10일 이내에 포상금 지급대상자에게 포상금을 지급한다.

<별표1> 신고포상금 지급액 산정기준

1. 부당한 공동행위 신고포상금 지급액 산정기준(시행령 제64조의6 제1호 관련)

   가. 신고된 부당한 공동행위에 대해 과징금 납부명령이 부과된 경우, 1차로 다음 기준에 따라 산정된 금액을 포상금 지급의 기본금액(이하 "지급기본액"이라 한다)으로 하여 신고인이 제출한 정보나 증거의 수준을 감안한 아래 나의 기준을 적용하여 최종 포상금 지급액을 결정한다.

   1) 과징금 총액이 5억 원 이하인 경우 과징금의 100분의10에 해당하는 금액을 지급기본액으로 한다.

   2) 과징금 총액이 5억 원을 초과하고 50억 원 이하인 경우, 당해 과징금액 중 5억 원에 대해 위 1)의 규정에 의해 산출된 금액과 5억 원을 초과하는 과징금액의 100분의5에 해당하는 금액을 합산한 금액을 지급기본액으로 한다.

   3) 과징금 총액이 50억 원을 초과하는 경우, 당해 과징금액 중 50억 원에 대해 위 2)의 규정에 의해 산출된 금액과 50억 원

을 초과하는 과징금액의 100분의1에 해당하는 금액을 합산한 금액을 지급기본액으로 한다.

나. 제보된 증거 또는 정보의 수준은 최상, 상, 중, 하의 네 단계로 구분하고, 위 가에 따라 산정된 금액에 다음의 단계별 포상률을 반영한다.

  1) 제보된 증거 또는 정보가 "최상"으로 판정된 경우에는 위 가에 의해 산출된 지급기본액의 100%를 지급한다.

  2) 제보된 증거 또는 정보가 "상"으로 판정된 경우에는 위 가에 의해 산출된 지급기본액의 80%를 지급한다.

  3) 제보된 증거 또는 정보가 "중"으로 판정된 경우에는 위 가에 의해 산출된 지급기본액의 50%를 지급한다.

  4) 제보된 증거 또는 정보가 "하"로 판정된 경우에는 위 가에 의해 산출된 지급기본액의 30%를 지급한다.

라. 위 가 및 나의 규정에 의한 포상금의 지급한도는 20억 원으로 하고, 위 가의 최저 지급기본액은 500만 원으로 한다.

마. 과징금이 부과되지 않은 법위반 행위의 경우에는 제출된 제보 또는 증거와 관련된 법위반 행위사실 1개당 200만 원(경고의 경우는 100만 원)을 포상금지급기본액으로 하여 위 나의 기준을 적용하여 최종 포상금 지급기준액을 결정한다. 다만, 이 경우 과징금이 부과되지 않은 다수의 법위반 행위사실을 신고함에 따른 포상금 지급한도는 500만 원으로 한다.

2. 신문업에 있어서의 불공정거래행위 신고포상금 지급액 산정기준(시행령 제64조의6 제2호 관련)

신고포상금

가. 신문업에 있어서의 불공정거래행위 및 시장지배적 지위남용 행위의 유형 및 기준(이하 "신문판매고시"라 한다) 제3조 제1항 및 동조 제4항, 제4조 내지 제9조 위반행위에 대해 과징금 납부명령이 부과된 경우, 1차로 다음 기준에 따라 산정된 금액을 포상금 지급기본액으로 하여 신고인이 제출한 증거나 정보의 수준을 감안한 아래 나의 기준을 적용하여 최종 포상금지급액을 결정한다.

  1) 과징금 총액이 5억 원 이하인 경우, 과징금액의 100분의5에 해당하는 금액을 지급기본액으로 한다.

  2) 과징금 총액이 5억 원을 초과하고 50억 원 이하인 경우, 당해 과징금액 중 5억 원에 대해 위 1)의 규정에 의해 산출된 금액과 5억 원을 초과하는 과징금액의 100분의3에 해당하는 금액을 합산한 금액을 기본금액으로 한다.

  3) 과징금 총액이 50억 원을 초과하는 경우, 당해 과징금액 중 50억 원에 대해 위 2)의 규정에 의해 산출된 금액과 50억 원을 초과하는 과징금액의 100분의1에 해당하는 금액을 합산한 금액을 지급기본액으로 한다.

나. 제보된 증거 또는 정보의 수준은 최상, 상, 중, 하의 네 단계로 구분하고, 위 가에 따라 산정된 금액에 다음의 단계별 포상률을 반영한다.

  1) 제보된 증거 또는 정보가 "최상"으로 판정된 경우에는 위 가에 의해 산출된 지급기본액의 100%를 지급한다.

  2) 제보된 증거 또는 정보가 "상"으로 판정된 경우에는 위 가에 이해 산출된 지급기본액의 80%를 지급한다.

3) 제보된 증거 또는 정보가 "중"으로 판정된 경우에는 위 가에 의해 산출된 지급기본액의 50%를 지급한다.

4) 제보된 증거 또는 정보가 "하"로 판정된 경우에는 위 가에 의해 산출된 지급기본액의 30%를 지급한다.

라. 위 가 및 나의 규정에 의한 포상금 지급한도는 1억 원으로 하고, 최저지급기본액은 300만 원으로 한다.

마. 과징금이 부과되지 않은 법위반 행위에 경우에는 제출된 증거 또는 정보와 관련된 법위반 행위사실 1개당 100만 원(경고의 경우 50만 원)을 지급기본액으로 하여 위 나의 기준을 적용하여 최종 포상금 지급액을 결정한다. 단, 이 경우 과징금이 부과되지 않은 동일사업자의 다수의 법위반 행위사실을 신고함에 따른 포상금 지급한도는 500만 원으로 한다.

3. 부당한 고객유인행위 신고포상금 지급액 산정기준(시행령 제64조의6 제3호 관련)

가. 신고된 부당한 고객유인행위에 대해 과징금 납부명령이 부과된 경우, 1차로 다음 기준에 따라 산정된 금액을 포상금 지급기본액으로 하여 신고인이 제출한 증거나 정보의 수준을 감안한 아래 나의 기준을 적용하여 최종 포상금 지급액을 결정한다.

1) 과징금 총액이 5억 원 이하인 경우, 과징금액의 100분의5에 해당하는 금액을 지급기본액으로 한다.

2) 과징금 총액이 5억 원을 초과하고 50억 원 이하인 경우, 당해 과징금액 중 5억 원에 대해 위 1)의 규정에 의해 산출된

신고포상금

금액과 5억 원을 초과하는 과징금액의 100분의3에 해당하는 금액을 합산한 금액을 지급기본액으로 한다.

3) 과징금 총액이 50억 원을 초과하는 경우, 당해 과징금액 중 50억 원에 대해 위 2)의 규정에 의해 산출된 금액과 50억 원을 초과하는 과징금액의 100분의1에 해당하는 금액을 합산한 금액을 지급기본액으로 한다.

나. 제보된 증거 또는 정보의 수준은 최상, 상, 중, 하의 네 단계로 구분하고, 위 가에 따라 산정된 금액에 다음의 단계별 포상률을 적용한다.

1) 제보된 증거 또는 정보가 "최상"으로 판정된 경우에는 위 가에 의해 산출된 지급기본액의 100%를 지급한다.

2) 제보된 증거 또는 정보가 "상"으로 판정된 경우에는 위 가에 의해 산출된 지급기본액의 80%를 지급한다.

3) 제보된 증거 또는 정보가 "중"으로 판정된 경우에는 위 가에 의해 산출된 지급기본액의 50%를 지급한다.

4) 제보된 증거 또는 정보가 "하"로 판정된 경우에는 위 가에 의해 산출된 지급기본액의 30%를 지급한다.

라. 위 가 및 나의 규정에 의한 포상금 지급한도는 1억 원으로 하며, 최저 지급한도액은 300만 원으로 한다.

마. 과징금이 부과되지 않은 법위반 행위의 경우에는 제출된 증거 또는 제보와 관련된 법위반 행위사실 1개당 100만 원(경고의 경우 50만 원)을 지급기본액으로 하여 위 나의 기준을 적용하여 최종 포상금 지급액을 결정한다. 단, 이 경우 과징금이 부과되지 않은 동일사업자의 다수의 법위반 행위사실을 신고함에 따

른 포상금 지급한도는 300만 원으로 한다.

4. 사원판매 신고포상금 지급기준(시행령 제64조의6 제4호 관련)
    가. 신고된 사원판매행위에 대해 과징금 납부명령이 부과된 경우, 1차로 다음 기준에 따라 산정된 금액을 포상금 지급의 기본액으로 하여 신고인이 제출한 증거나 정보의 수준을 감안한 아래 나의 기준을 적용하여 최종 포상금 지급액을 결정한다.
        1) 과징금 총액이 5억 원 이하인 경우, 과징금액의 100분의5에 해당하는 금액을 지급기본액으로 한다.
        2) 과징금 총액이 5억 원을 초과하고 50억 원 이하인 경우, 당해 과징금액 중 5억 원에 대해 위 1)의 규정에 의해 산출된 금액과 5억 원을 초과하는 과징금액의 100분의3에 해당하는 금액을 합산한 금액을 지급기본액으로 한다.
        3) 과징금이 50억 원을 초과하는 경우, 당해 과징금액 중 50억 원에 대해 위 2)의 규정에 의해 산출된 금액과 50억 원을 초과하는 과징금액의 100분의1에 해당하는 금액을 합산한 금액을 지급기본액으로 한다.
    나. 제보된 증거 또는 정보의 수준은 최상, 상, 중, 하의 네 단계로 구분하고, 위 가에 따라 산정된 금액에 다음의 단계별 포상률을 반영한다.
        1) 제보된 증거 또는 정보가 "최상"으로 판정된 경우에는 위 가에 의해 산출된 지급기본액의 100%를 지급한다.
        2) 제보된 증거 또는 정보가 "상"으로 판정된 경우에는 위 가에 의해 산출된 지급기본액의 80%를 지급한다.

신고포상금

3) 제보된 증거 또는 정보가 "중"으로 판정된 경우에는 위 가에 의해 산출된 지급기본액의 50%를 지급한다.

4) 제보된 증거 또는 정보가 "하"로 판정된 경우에는 위 가에 의해 산출된 지급기본액의 30%를 지급한다.

라. 위 가 및 나의 규정에 의한 포상금 지급한도는 1억 원으로 하며, 최저 지급기본액은 300만 원으로 한다.

마. 과징금이 부과되지 않은 법위반 행위의 경우에는 제출된 증거 또는 제보와 관련된 법위반 행위사실 1개당 100만 원(공고의 경우 50만 원)을 지급기본액으로 하여 위 나의 기준을 적용하여 최종 포상금 지급액을 결정한다. 단, 이 경우 과징금이 지급되지 않은 동일 사업자의 다수의 법위반 행위사실을 신고함에 따른 신고포상금 지급한도는 500만 원으로 한다.

제9장 불법 다단계판매행위

제1절 제도의 이해

「방문판매 등에 관한 법률」은 방문판매, 전화권유판매, 다단계판매, 후원방문판매, 계속거래 및 사업권유거래 등을 규제하는 법률이다. 이 중에서 신고를 한 사람에게 포상금을 지급하는 것은 다단계판매와 후원방문판매이다.

"다단계판매"라고 함은 다음 요건을 모두 충족하는 판매조직을 통하여 재화 · 용역(이하 "재화등"이라 한다)을 판매하는 것을 말한다.

    가. 판매업자에 속한 판매원이 특정인을 해당 판매원의 하위판매원으로 가입하도록 권유하는 모집방식이 있을 것

    나. 가목에 따른 판매원의 가입이 3단계(다른 판매원의 권유를 통하지 아니하고 가입한 판매원을 1단계판매원으로 한다) 이상 단계적으로 이루어질 것. 다만, 판매원의 단계가 2단계 이하라고 하더라도 사실상 3단계 이상으로 관리 · 운영되는 경우로서 대통령령으로 정하는 경우를 포함한다.

    다. 판매업자가 판매원에게 후원수당을 지급하는 방식을 가지고 있을 것

"후원방문판매"란 다음의 요건에 해당하되, 대통령령으로 정하는

신고포상금

바에 따라 특정판매원의 구매·판매 등의 실적이 그 직근 상위판매원 1인의 후원수당에만 영향을 미치는 후원수당지급방식을 가진 경우를 말한다.
    가. 다단계판매에 해당하는 요건을 갖출 것
    나. 재화등의 판매를 업으로 하는 자가 방문을 하는 방법으로 그의 영업소, 대리점, 그 밖에 총리령으로 정하는 장소 외의 장소에서 소비자에게 권유하여 계약의 청약을 받거나 계약을 체결하여 재화등을 판매할 것

제2절 「방문판매 등에 관한 법률」의 규정

제44조(포상금의 지급) ① 공정거래위원회는 다음 각 호의 어느 하나에 해당하는 위반행위를 신고 또는 제보하고 이를 입증할 수 있는 증거자료를 제출한 자에 대하여 예산의 범위에서 포상금을 지급할 수 있다.
  1. 제13조 제1항 또는 제29조 제3항을 위반하여 등록을 하지 아니하고 다단계판매조직 또는 후원방문판매조직을 개설·관리 또는 운영하는 행위
  2. 제24조를 위반하는 행위
② 제1항에 따른 포상금의 지급대상이 되는 이 법 위반행위 및 포상금 지급대상자의 범위, 포상금 지급의 기준·절차 등에 관하여 필요한 사항은 대통령령으로 정한다.
제13조(다단계판매업자의 등록 등) 다단계판매업자는 대통령령으로

정하는 바에 따라 다음 각 호의 서류를 갖추어 공정거래위원회 또는 특별시장 · 광역시장 · 특별자치시장 · 도지사 · 특별자치도지사(이하 "시 · 도지사"라 한다)에게 등록하여야 한다.

제24조(사행적 판매원 확장행위 등의 금지) ① 누구든지 다단계판매조직 또는 이와 비슷하게 단계적으로 가입한 자로 구성된 조직을 이용하여 다음 각 호의 어느 하나에 해당하는 행위를 하여서는 아니 된다.

1. 재화등의 거래 없이 금전거래를 하거나 재화등의 거래를 가장하여 사실상 금전거래만을 하는 행위로서 다음 각 목의 어느 하나에 해당하는 행위

   가. 판매원에게 재화등을 그 취득가격이나 시장가격보다 10배 이상과 같이 현저히 높은 가격으로 판매하면서 후원수당을 지급하는 행위

   나. 판매원과 재화등의 판매계약을 체결한 후 그에 상당하는 재화등을 정당한 사유 없이 공급하지 아니하면서 후원수당을 지급하는 행위

   다. 그 밖에 판매업자의 재화등의 공급능력, 소비자에 대한 재화등의 공급실적, 판매업자와 소비자 사이의 재화등의 공급계약이나 판매계약, 후원수당 지급조건 등에 비추어 그 거래의 실질이 사실상 금전거래인 경우

2. 판매원 또는 판매원이 되려는 자에게 하위판매원 모집 자체에 대하여 경제적 이익을 지급하거나 정당한 사유 없이 후원수당 외의 경제적 이익을 지급하는 행위

3. 제20조 제3항(제29조 제3항에 따라 준용되는 경우를 포함한다)에

 신고포상금

위반되는 후원수당의 지급을 약속하여 판매원을 모집하거나 가입을 권유하는 행위

4. 판매원 또는 판매원이 되려는 자에게 가입비, 판매 보조물품, 개인할당 판매액, 교육비 등 명칭이나 형태와 상관없이 10만 원 이하로서 대통령령으로 정하는 수준을 초과한 비용 또는 그 밖의 금품을 징수하는 등 의무를 부과하는 행위

5. 판매원에 대하여 상품권〔그 명칭이나 형태와 상관없이 발행자가 일정한 금액이나 재화등의 수량이 기재된 무기명증표를 발행하고 그 소지자가 발행자 또는 발행자가 지정하는 자(이하 이 조에서 "발행자등"이라 한다)에게 이를 제시 또는 교부하거나 그 밖의 방법으로 사용함으로써 그 증표에 기재된 내용에 따라 발행자등으로부터 재화등을 제공받을 수 있는 유가증권을 말한다〕을 판매하는 행위로서 다음 각 목의 어느 하나에 해당하는 행위

   가. 판매업자가 소비자에게 판매한 상품권을 다시 매입하거나 다른 자로 하여금 매입하도록 하는 행위

   나. 발행자등의 재화등의 공급능력, 소비자에 대한 재화등의 공급실적, 상품권의 발행규모 등에 비추어 그 실질이 재화등의 거래를 위한 것으로 볼 수 없는 수준의 후원수당을 지급하는 행위

6. 사회적인 관계 등을 이용하여 다른 사람에게 판매원으로 등록하도록 강요하거나 재화등의 구매를 강요하는 행위

7. 판매원 또는 판매원이 되려는 사람에게 본인의 의사에 반하여 교육·합숙 등을 강요하는 행위

8. 판매원을 모집하기 위한 것이라는 목적을 명확하게 밝히지 아니하고 취업·부업 알선, 설명회, 교육회 등을 거짓 명목으로 내세워 유인하는 행위

② 다단계판매업자는 다단계판매원으로 하여금 제1항의 금지행위를 하도록 **교사**하거나 **방조**하여서는 아니된다.

☆ 교사(敎唆)·방조(傍助) : "교사"는 범죄행위에 나아갈 생각이 없는 사람을 부추겨서 범죄행위를 하도록 하는 것을 말하며, "방조"는 이미 범죄행위를 결심한 사람을 직·간접적으로 돕는 행위를 말한다.

제3절 「법 시행령」의 규정

제51조(포상금의 지급) ① 법 제44조 제1항에 따른 포상금 지급대상자는 법 제44조 제1항 각 호의 위반행위를 신고하거나 제보하고, 이를 증명할 수 있는 증거자료를 최초로 제출한 자로 한다. 다만, 그 위반행위를 한 사업자는 제외한다.

② 공정거래위원회는 특별한 사정이 있는 경우를 제외하고는 신고 또는 제보된 행위를 법 위반행위로 의결한 날(이의신청이 있는 경우에는 재결한 날)부터 3개월 이내에 포상금을 지급한다.

④ 포상금 지급기준은 **1천만 원의 한도**에서 공정거래위원회가 정하여 고시한다.

⑤ 포상금의 지급에 관한 사항을 심의하기 위하여 공정거래위원회에 신고포상금심의위원회를 둘 수 있다.

신고포상금

⑥ 심의위원회의 설치·운영에 관한 사항, 그 밖에 포상금의 지급에 필요한 사항은 공정거래위원회가 정하여 고시한다.

* 공정거래위원회의 고시 내용은 그 홈페이지(www.ftc.go.kr)에서 확인할 수 있다.

관세청

제10장 관세포탈행위

제1절 「관세법」의 규정

제324조(포상) ① 관세청장은 다음 각 호의 어느 하나에 해당하는 사람에게는 대통령령으로 정하는 바에 따라 포상할 수 있다.

   1. 제269조부터 제271조까지, 제274조, 제275조의2 및 제275조의3에 해당되는 관세범을 세관이나 그 밖의 수사기관에 통보하거나 체포한 자로서 공로가 있는 사람

   * 제269조는 밀수출과 밀수입의 죄를, 제270조는 관세포탈 등의 죄를, 제270조의2는 가격조작의 죄를, 제271조는 제269조 및 제270조의 각 미수범을 규정하였고, 제274조는 밀수품취득 등의 죄를, 제275조의2는 체납처분면탈 등의 죄를, 제275조의3은 타인에 대한 명의대여의 죄를 각 규정하고 있다.

   2. 법 제269조부터 제274조까지의 규정에 해당되는 범죄물품을 압수한 사람으로서 공로가 있는 사람

   3. 이 법이나 다른 법률에 따라 세관장이 관세 및 내국세 등을 추가 징수하는 데에 공로가 있는 사람

② 관세청장은 체납자의 은닉재산을 신고한 사람에게 대통령령으로 정하는 바에 따라 **10억 원의 범위**에서 포상금을 지급할 수

 신고포상금

있다. 다만, 은닉재산의 신고를 통하여 징수된 금액이 대통령령으로 정하는 금액 미만인 경우 또는 공무원이 그 직무와 관련하여 은닉재산을 신고한 경우에는 포상금을 지급하지 아니한다.

③ 제2항에서 "은닉재산"이란 체납자가 은닉한 현금·예금·주식이나 그 밖에 재산적 가치가 있는 유형·무형의 재산을 말한다. 다만, 다음 각 호의 어느 하나에 해당하는 재산은 제외한다.

1. 「국세징수법」 제30조에 따른 사해행위 취소송의 대상이 되어 있는 재산

    * 국세징수법 제30조 : 세무공무원은 체납처분을 집행할 때 체납자가 국세의 징수를 면탈하려고 재산권을 목적으로 한 법률행위를 한 경우에는 「민법」 제406조 및 제407조를 준용하여 사해행위의 취소를 법원에 구할 수 있다.

2. 세관공무원이 은닉사실을 알고 조사를 시작하거나 체납처분 절차를 진행하기 시작한 재산

3. 그 밖에 체납자의 은닉재산을 신고받을 필요가 없다고 인정되는 재산으로서 대통령령으로 정하는 것

    * 신고받을 필요가 없다고 인정되는 재산은 체납자 본인 명의로 등기된 국내의 부동산을 말한다.

④ 제2항에 따른 은닉재산의 신고는 신고자의 성명과 주소를 적고 서명하거나 날인한 문서로 하여야 한다.

관세청

제2절 「관세법 시행령」의 규정

제277조(포상방법) ① 법 제324조의 규정에 의한 포상은 관세청장이 정하는 바에 의하여 포상장 또는 포상금을 수여하거나 포상장과 포상금을 함께 수여할 수 있다.

② 관세청장이 제1항의 규정에 의하여 포상금의 수여 기준을 정하는 경우 포상금의 수여대상자가 공무원인 때에는 공무원에게 수여하는 포상금총액을 그 공로에 의한 실제 국고 수입액의 100분의25 이내로 하여야 한다. 다만, 1인당 수여액을 100만 원 이하로 하는 때에는 그러하지 아니하다.

③ 제1항의 경우에 법 제324조 제1항의 규정에 의한 공로자 중 관세범을 세관, 그 밖의 수사기관에 통보한 자와 법 제324조 제2항에 따라 체납자의 은닉재산을 신고한 자에 대하여는 관세청장이 정하는 바에 의하여 익명으로 포상할 수 있다.

④ 법 제324조 제2항에 따라 체납자의 은닉재산을 신고한 자에 대하여는 은닉재산 신고를 통하여 징수된 금액에 다음의 지급률을 곱하여 계산한 금액을 포상금으로 지급할 수 있다. 다만, 10억 원을 초과하는 부분은 지급하지 아니한다.

1. 징수금액 2천만 원이상 2억 원 이하 : 100분의15
2. 2억 원 초과 5억 원 이하 : 3천만 원 + 2억 원을 초과하는 금액의 100분의10
3. 5억 원 초과 : 6천만 원 + 5억 원을 초과하는 금액의 100분의5

⑤ 법 제324조 제2항 단서에서 "대통령령으로 정하는 금액"이란 2천만 원을 말한다.

신고포상금

⑥ 법 제324조 제3항 제3호에서 "대통령령으로 정하는 것"이란 체납자 본인의 명의로 등기된 국내 소재 부동산을 말한다.
⑦ 은닉재산을 신고한 자에 대한 포상금은 재산은닉 체납자의 체납액에 해당하는 금액을 징수한 후 지급한다.

제3절 체포의 이해

「관세법」제324조 제1항 제1호는 "관세범을 체포한 자로서 공로가 있는 사람"에게도 포상금을 지급한다고 규정하였다. 이따금 다른 법률에서도 범인을 체포 또는 검거하거나 체포·검거에 협조한 사람을 포상한다고 규정하는 경우가 있다. 대부분의 신고포상에서는 그 직무와 직접 관련이 있는 공무원은 포상 대상에서 제외하지만「관세법」은 공무원을 포상 대상에서 제외하지 않았다. 이 법이 말하는 체포한 사람에는 공무원뿐만 아니라 일반인도 포함된다. 즉 현행범인(現行犯人)을 체포한 사람이 포함된다는 취지이다.「형사소송법」의 규정을 소개한다.

현행범인은 누구든지 체포할 수 있다. "현행범인"이란 범죄의 실행 중이거나 실행의 즉후인 자를 말한다. 실행의 즉후(卽後)라고 함은 범죄행위를 이제 막 끝낸 때를 말한다. "준현행범인"은 현행범으로 간주한다. 즉 현행범인과 같이 본다. "준현행범인"은 ① 범인으로 호창(呼唱)되어 추적되고 있는 때, ② 장물이나 범죄에 사용되었다고 인정함에 충분한 흉기 기타의 물건을 소지하고 있는 때, ③ 신체 또는 의복류에 현저한 증적(證迹)이 있는 때, ④ 누구임을 물음에 대하여 도망하려하는 때 중 어느 하나에 해당하는 사람을 말한다. "장물"은 범죄행위로 인하여 취득한 물건을 의미하며, "증적"은 죄를 범했다고 인정할만한 흔적을 뜻한다.

검사나 사법경찰관리가 아닌 사람이 현행범인을 체포한 경우에는 즉시 검사 또는 사법경찰관리에게 현행범인을 인도(引渡)하여야 한다. 즉시 넘겨주지 아니하면 감금행위가 될 수도 있다.

국가정보원

제11장 국가보안법위반행위

제1절 신고대상 범죄

이 법을 위반하는 행위로서 신고 및 포상의 대상이 되는 것은 「국가보안법」을 위반하는 행위의 전부이다. 이 법이 규정하고 있는 주요한 죄를 열거하면 반국가단체에의 구성·가입·가입권유 및 이들 죄의 미수·예비·음모, 반국가단체의 목적수행 및 이와 관련한 미수·예비·음모·선동·선전·허위사의 날조·유포, 반국가단체의 지원·금품수수 및 이와 관련한 미수·예비·음모, 반국가단체로부터 잠입·반국가단체로의 탈출과 그 미수·예비·음모, 반국가단체의 찬양·고무·선전·선동 및 이와 관련한 단체의 구성·가입, 반국가단체와의 회합·통신, 반국가단체 관련 무기·편의제공 및 이에 관한 미수·예비·음모, 이상의 죄에 대한 불고지(미신고), 이 법이 정한 죄에 대한 무고·위증 등이다. 이 법이 말하는 반국가단체는 김정은 정권(집단)이다.

신고포상금

제2절 「국가보안법」의 규정

제21조(상금) ① 이 법의 죄를 범한 자를 수사기관 또는 정보기관에 통보하거나 체포한 자에 대하여는 대통령령이 정하는 바에 따라 상금을 지급한다.

② 이 법의 죄를 범한 자를 인지하여 체포한 수사기관 또는 정보기관에 종사하는 자에 대하여도 제1항과 같다.

③ 이 법의 죄를 범한 자를 체포할 때 반항 또는 교전상태하에서 부득이한 사유로 살해하거나 자살하게 한 경우에는 제1항에 준하여 상금을 지급할 수 있다.

제22조(보로금) ① 제21조의 경우에 압수물이 있는 때에는 상금을 지급하는 경우에 한하여 그 압수물가액의 2분의1에 상당하는 범위 안에서 보로금을 지급할 수 있다.

② 반국가단체나 그 구성원 또는 지령을 받은 자로부터 금품을 수수하여 수사기관 또는 정보기관에 제공한 자에게는 그 가액의 2분의1에 상당하는 범위 안에서 보로금을 지급할 수 있다. 반국가단체의 구성원 또는 그 지령을 받은 자가 제공한 때에도 또한 같다.

③ 보로금의 청구 및 지급에 관하여 필요한 사항은 대통령령으로 정한다.

제3절 「국가보안유공자 상금지급 등에 관한 규정」의 규정

제3조(상금지급대상자 등의 조사) ② 국가정보원장·지방검찰청 검사장이나 지청장 또는 군검찰부가 설치되어 있는 부대의 장은 타인의 통보를 받은 때 또는 직권으로 국가정보원직원·검사 또는 군검찰부 검찰관으로 하여금 그 사건을 조사하고, 법 제21조 제3항 및 제22조 제1항의 규정에 의한 상금 또는 보로금의 지급대상이나 법 제23조의 규정에 의한 보상대상에의 해당 여부를 조사한 후 공적평가서를 작성하여 관계자에게 그 등본을 교부하게 하여야 한다.

제7조(통보 등 증명서의 교부) 법 제21조의 규정에 의한 통보나 체포된 범인의 인도(引渡) 또는 법 제22조 제2항의 규정에 의한 금품의 제공을 받은 수사 또는 정보기관의 장은 지체 없이 통보자·인도자 또는 금품제공자에게 통보·인도 또는 제공사실을 증명하는 서면을 교부하여야 한다. 법 제21조 제2항의 규정에 의하여 범인을 인지하여 체포한 수사 또는 정보기관의 종사자에 대하여도 또한 같다.

제8조(상금 등의 청구사건) 법 제21조 제1항 및 제2항의 규정에 의한 상금과 법 제22조 제1항의 규정에 의한 보로금은 그 사건이 공소 제기되거나, 기소유예 또는 공소보류된 때에 한하여 청구할 수 있다. 다만, 반국가단체의 지령을 받고 법무부령이 정하는 무기를 소지·잠입한 자에 관하여는 그러하지 아니하다.

 * 여기에서 말하는 무기류는 총포류, 화약 기타 폭발물류이다.

 신고포상금

제10조(상금 등의 청구기간) 법에 의한 상금 또는 보로금의 지급 및 보상의 청구는 제9조의 통지를 받은 날로부터 60일 이내에 하도록 하여야 한다. 다만, 제8조 단서의 경우에는 그러하지 아니하다.

제11조(상금 등의 청구절차) 상금 또는 보로금의 지급을 받고자 하는 자는 국가보상유공자 심의위원회에 대하여 다음 각 호의 구분에 의한 서류를 첨부하여 서면으로 청구하여야 한다. 다만, 제8조 단서의 규정에 의하여 제9조의 통지를 받기 전에 청구하는 때에는 제9조의 통지서를 첨부하지 아니한다.

  1. 법 제21조 제1항 또는 제2항의 상금 및 그에 따른 법 제22조 제1항 보로금의 청구
    가. 제7조의 증명서
    나. 제9조의 통지서
    다. 공적자술서

  2. 법 제21조 제3항의 상금 및 그에 따른 법 제22조 제1항 보로금의 청구
    가. 제9조의 통지서
    나. 공적자술서
    다. 공적평가서의 등본

  3. 법 제22조 제2항의 보로금의 청구
    가. 제7조의 증명서
    나. 제9조의 통지서
    다. 공적자술서

제12조(상금 등의 지급기준) ① 법 제21조에 따른 상금은 그 공로, 범죄의 경중, 그 밖의 사정을 고려하여 결정하되, 다음 각 호의 금액

국가정보원

을 초과할 수 없다.

1. 법 제21조 제1항에 해당하는 자에게 지급되는 상금 : 5억 원. 다만, 해상에서 선박을 이용하여 잠입하거나 탈출하는 범인을 발견하고 수사기관 또는 정보기관에 통보하거나 체포한 경우에는 7억 5천만 원으로 한다.

2. 법 제21조 제2항에 해당하는 자에게 지급되는 상금 : 1억 원

② 법 제22조에 따른 보로금은 압수물 또는 제공된 금품의 공매가격, 압수 또는 제공 당시의 시가로 산출한 금액의 2분의1에 상당하는 범위에서 결정하되, 3천만 원을 초과할 수 없다.

제13조(공동청구의 절차) 청구권자가 2인 이상인 때에는 청구권자 전원의 연서로써 청구하여야 한다.

제14조(보상의 청구절차) ① 법 제23조의 규정에 의하여 보상을 받고자 하는 자는 청구서(전자문서로 된 청구서를 포함한다)에 다음 각 호의 서류(전자문서를 포함한다)를 첨부하여 위원회에 제출하여야 한다. 다만, 범인이 체포되지 아니한 때에는 제2호의 서류는 이를 첨부하지 아니한다.

1. 공적자술서

2. 제9조의 통지서

3. 공적평가서의 등본

4. 청구인의 가족관계기록사항에 관한 증명서

5. 사망 또는 신체상이증명서

국민권익위원회

제12장 부패방지등 기여자 포상

제1절 제도의 이해

「부패방지 및 국민권익위원회의 설치와 운영에 관한 법률」에 의하여 설립된 국민권익위원회는 행정기관 등의 위법·부당한 처분 또는 **부작위(不作爲)**에 의해서 권리나 이익에 대한 침해행위가 있는 경우에 이를 시정하고, 불합리한 행정제도·법령 등으로 인하여 국민이 겪는 불편사항을 국민의 신고나 신청을 받아 해결한다. 또한 민원사무의 처리기준 및 절차 등이 투명하지 않아 불편한 문제 등도 해소하는 일을 하고 있다. 이들과 관련한 사항에 관하여 신고나 신청 등을 함으로써 제도의 개선 등에 기여한 사람에게 지급하는 보상금이 여기에서 말하는 보상이다. 즉 이 보상금은 고충도 해결하면서 제도개선에 기여한 데 대한 포상의 성질이다. 고충민원이나 부패신고 등 자세한 것들은 국민권익위원회 홈페이지(www.acrc.go.kr)에서 안내받을 수 있다.

☆ 부작위 : 마땅히 해야 할 일을 하지 않는 것을 뜻한다.

 신고포상금

제2절 법률의 규정

제68조(포상 및 보상) ① 보상심의위원회는 이 법에 따른 신고에 의하여 현저히 공공기관에 재산상 이익을 가져오거나 손실을 방지한 경우 또는 공익의 증진을 가져온 경우에는 신고를 한 자에 대하여 「상훈법」 등의 규정에 따라 포상을 추천할 수 있으며, 대통령령으로 정하는 바에 따라 포상금을 지급할 수 있다.

② 부패행위의 신고자는 이 법에 따른 신고로 인하여 직접적인 공공기관 수입의 회복이나 증대 또는 비용의 절감을 가져오거나 그에 관한 법률관계가 확정된 때에는 위원회에 보상금의 지급을 신청할 수 있다. 이 경우 보상금은 불이익처분에 대한 원상회복 등에 소요된 비용을 포함한다.

③ 위원회는 제2항에 따른 보상금 지급신청을 받은 때에는 제69조에 따른 보상심의위원회의 심의·의결을 거쳐 대통령령으로 정하는 바에 따라 보상금을 지급하여야 한다. 다만, 공직자가 자기의 직무와 관련하여 신고한 사항에 관하여는 보상금을 감액하거나 지급하지 아니할 수 있다.

④ 제2항에 따른 보상금의 지급신청은 공공기관 수입의 회복이나 증대 또는 비용의 절감에 관한 법률관계가 확정되었음을 안 날부터 2년 이내에 하여야 한다.

제70조(보상금의 지급결정 등) ① 위원회는 제68조에 따른 보상금의 지급신청이 있는 때에는 특별한 사유가 없는 한 신청일부터 90일 이내에 그 지급 여부 및 지급금액을 결정하여야 한다.

② 위원회는 제1항에 따른 보상금 지급결정이 있은 때에는 즉시

이를 신청인에게 통지하여야 한다.

제3절 「법 시행령」의 규정

제71조(포상금의 지급사유 등) ① 법 제68조 제1항에 따라 포상금을 지급할 수 있는 경우는 다음 각 호의 어느 하나에 해당하는 경우를 말한다.

1. 부패행위자에 대하여 공소제기 · 기소유예 · 기소중지, 통고처분, 과태료 또는 과징금의 부과, 징계처분 및 시정조치 등이 있는 경우
2. 법령의 제정 · 개정 등 제도개선에 기여한 경우
3. 부패행위 신고에 의하여 신고와 관련된 정책 등의 개선 · 중단 또는 종료 등으로 공공기관의 재산상 손실을 방지한 경우
4. 금품 등을 받아 자진하여 그 금품 등을 신고한 경우
5. 그 밖에 포상금을 지급할 수 있다고 법 제69조 제1항에 따른 보상심의위원회가 인정하는 경우

② 제1항 제1호부터 제3호까지 및 제5호에 해당하는 경우 포상금은 1억 원 이하로 한다.

③ 제1항 제4호에 해당하는 경우 포상금은 신고금액의 20퍼센트 범위로 하되, 2억 원 이하로 한다.

④ 제77조 제2항, 제80조 및 제83조의 규정은 포상금을 지급하는 경우에 이를 준용한다.

⑤ 제1항에 따른 포상금 지급사유가 2 이상에 해당되는 경우에는

신고포상금

그 중 액수가 많은 것으로 한다.

제72조(보상금의 지급사유) ① 법 제68조 제3항에 따라 보상금을 지급할 수 있는 경우는 다음 각 호의 어느 하나에 해당하는 부과 및 환수 등으로 인하여 직접적인 공공기관 수입의 회복이나 증대 또는 비용의 절감을 가져오거나 그에 관한 법률관계가 확정된 경우를 말한다.

1. 몰수 또는 추징금의 부과
2. 국세 또는 지방세의 부과
3. 손해배상 또는 부당이득반환 등에 의한 환수
4. 계약변경 등에 의한 비용절감
5. 그 밖의 처분이나 판결. 다만, 벌금·과료·과징금 또는 과태료의 부과와 통고처분을 제외한다.

② 제1항 각 호의 어느 하나에 해당하는 부과 및 환수 등은 신고사항 및 증거자료 등과 직접적으로 관련된 것에 한한다.

③ 법 제68조 제2항 후단에 따른 원상회복 등에 소요된 비용은 치료, 이사 또는 실직·전직 등으로 지출된 비용 등을 포함하여 산정할 수 있다.

제77조(보상금의 결정) ① 보상금의 지급기준은 별표1과 같다.

② **보상금의 지급한도액은 20억 원**으로 하고, 산정된 보상금의 천 원 단위 미만은 이를 지급하지 아니한다.

78조(공직자 보상금의 지급제한) 부패행위의 감사·수사 또는 조사업무에 종사 중이거나 종사하였던 공직자가 자기의 직무 또는 직무였던 사항과 관련하여 신고한 경우에는 보상금을 지급하지 아니한다.

제82조(보상금 등의 지급절차) 포상금 또는 보상금의 지급절차에 관하여 필요한 사항은 위원회의 의결을 거쳐 위원장이 정한다.

(별표1) 보상금의 지급기준(제77조 제1항 관련)

보상대상가액	지 급 기 준
1억 원 이히	20%
1억 원 초과 5억 원 이하	2천만 원 + 1억 원 초과금액의 14%
5어 권 초과 20억 원 이하	7천6백만 원 + 5억 원 초과금액의 10%
20억 원 초과 40억 원 이하	2억2천6백만 원 + 20억 원 초과금액의 6%
40억 원 초과	3억4천6백만 원 + 40억 원 초과금액의 4%

국세청

제13장 세금포탈행위(국세)

제1절 제도의 이해

「국세기본법」은 국세에 관한 조세포탈을 막기 위하여 신고포상을 규정하였다. 국세는 소득세·법인세·상속세·증여세·종합부동산세·부가가치세·개별소비세·교통에너지환경세·주세(酒稅)·인지세·증권거래세·교육세·농어촌특별세를 말한다. 신고의 대상은 탈세행위로서 그 구체적인 수법을 보면 부당한 환급과 공제를 받는 행위, 체납처분을 면탈하기 위하여 재산을 숨기는 행위, 신용카드결제와 관련한 부정한 방법(결제거부 또는 허위 매출전표의 작성), 사업자명의 차용행위 및 해외금융계좌 신고의무 위반행위 등이다. 이들 행위에 대한 벌칙규정은 「조세범처벌법」에서 규정하고 있다.

제2절 「국세기본법」의 규정

제84조의2(포상금의 지급) ① 국세청장은 다음 각 호의 어느 하나에 해당하는 자에게는 **20억 원의 범위**에서 포상금을 지급할 수 있다. 다만, 탈루세액(脫漏稅額), 부당하게 환급·공제받은 세액, 은닉

신고포상금

재산의 신고를 통하여 징수된 금액 또는 해외금융계좌 신고의무 불이행에 따른 과태료가 대통령령으로 정하는 금액 미만인 경우 또는 공무원이 그 직무와 관련하여 자료를 제공하거나 은닉재산을 신고한 경우에는 포상금을 지급하지 아니한다.

* "대통령령으로 정하는 금액"은 징수금액 또는 해외금융계좌 신고의무 불이행에 따른 과태료금액의 경우에는 2천만 원을 말한다.

1. 조세를 탈루한 자에 대한 탈루세액 또는 부당하게 환급·공제받은 세액을 산정하는 데 중요한 자료를 제공한 자
2. 체납자의 은닉재산을 신고한 자
3. 다음 각 목의 어느 하나에 해당하는 경우로서 해당 각 목의 행위를 한 신용카드가맹점(「여신전문금융업법」에 따른 신용카드가맹점으로서 「소득세법」 제162조의2 제1항 및 「법인세법」 제117조 제1항에 따라 가입한 신용카드가맹점을 말한다)을 신고한 자. 다만, 신용카드(신용카드와 유사한 것으로서 대통령령으로 정하는 것을 포함한다. 이하 이 조에서 같다) 결제 대상 거래금액이 5천 원 미만인 경우는 제외한다.

    * "대통령령으로 정하는 것"이란 직불카드와 선불카드를 말한다.

    가. 신용카드로 결제할 것을 요청하였으나 이를 거부하는 경우
    나. 신용카드매출전표(신용카드매출전표와 유사한 것으로서 대통령령으로 정하는 것을 포함한다)를 사실과 다르게 발급하는 경우로서 대통령령으로 정하는 경우

    * "대통령령으로 정하는 것"은 직불카드영수증과 선불카

드영수증을 말한다.

* "대통령령으로 정하는 경우"란 신용카드에 의한 거래를 이유로 재화나 용역의 대가를 현금에 의한 거래보다 재화나 용역을 공급받은 자에게 불리하게 기재하여 신용카드 매출전표를 발급하는 경우를 말한다.

4. 다음 각 목의 어느 하나에 해당하는 경우로서 해당 각 목의 행위를 한 현금영수증가맹점(「조세특례제한법」 제126조의3 제1항에 따른 현금영수증가맹점을 말한다)를 신고한 자. 다만, 「조세특례제한법」 제126조의3 제4항에 따른 현금영수증 발급대상 거래금액이 5천만 원 미만인 경우는 제외한다.

  가. 현금영수증의 발급을 거부하는 경우

  나. 현금영수증을 사실과 다르게 발급하는 경우로서 대통령령으로 정하는 경우

  * "대통령령으로 정하는 경우"란 현금영수증의 발급을 이유로 재화나 용역의 대가를 다르게 기재하여 현금영수증을 발급하는 경우를 말한다.

5. 타인의 명의를 사용하여 사업을 경영하는 자를 신고한 자

6. 「국제조세조정에 관한 법률」 제34조에 따른 해외금융계좌 신고의무 위반행위를 적발 하는 데 중요한 자료를 제공한 자(제1호 또는 제2호에 따라 포상금을 지급하는 자는 제외한다)

7. 타인 명의로 되어 있는 다음 각 목의 어느 하나에 해당하는 사업자의 「금융실명거래 및 비밀보장에 관한 법률」 제2조 제2호에 따른 금융자산을 신고한 자

  가. 법인

신고포상금

나. 「소득세법」 제160조 제3항에 따른 복식부기의무자
  * 복식부기의무자 아닌 자(간편장부대상자)의 범위에 관하여는 「소득세법 시행령」 제208조 제5항에서 규정하고 있다.
② 제1항 제1호 및 제6호에 따른 중요한 자료는 다음 각 호의 구분에 따른 것으로 한다.
1. 제1항 제1호의 경우 : 다음 각 목의 어느 하나에 해당하는 것
  가. 조세탈루 또는 부당하게 환급·공제받은 내용을 확인할 수 있는 거래처, 거래일 또는 거래기간, 거래품목, 거래수량 및 금액 등 구체적 사실이 기재된 자료 또는 장부(자료 또는 장부 제출 당시에 세무조사가 진행 중인 것은 제외한다. 이하 이 조에서 "자료"라 한다)
  나. 가목에 해당하는 자료의 소재를 확인할 수 있는 구체적인 정보
  다. 그 밖에 조세탈루 또는 부당하게 환급·공제받은 수법, 내용, 규모 등의 정황으로 보아 중요한 자료로 인정할 만한 자료로서 대통령령으로 정하는 자료
    * "대통령령으로 정하는 자료"란 다음 중 하나에 해당하는 자료를 말한다. ⓐ 조세탈루 또는 부당한 환급·공제와 관련된 회계부정 등에 관한 자료, ⓑ 조세탈루와 관련된 토지 및 주택 등 부동산투기거래에 관한 자료, ⓒ 조세탈루와 관련한 밀수·마약 등 공공의 안전을 위협하는 행위에 관한 자료, ⓓ 그 밖의 조세탈루 또는 부당한 환급·공제의 수법·내용·규모 등 정황으로 보아 중요한 자료로 보는 것이 타당하다고 인정되는 자료

2. 제1항 제6호의 경우 :「국제조세조정에 관한 법률」제34조 제1항에 따른 해외금융계좌정보를 제공함으로써 같은 법 제34조의2에 따른 처벌 또는 같은 법 제35조에 따른 과태료 부과의 근거로 활용할 수 있는 자료

③ 제1항 제2호에서 "은닉재산"이란 체납자가 은닉한 현금, 예금, 주식, 그 밖에 재산적 가치가 있는 유형·무형의 재산을 말한다. 다만, 다음 각 호의 어느 하나에 해당하는 재산은 제외한다.

1.「국세징수법」제30조에 따른 사해행위 취소송의 대상이 되어 있는 재산
2. 세무공무원이 은닉사실을 알고 조사 또는 체납처분절차에 착수한 재산
3. 그 밖에 체납자의 은닉재산을 신고받을 필요가 없다고 인정되는 재산으로서 대통령령으로 정하는 것
   * "대통령령으로 정하는 것"이란 체납자 본인명의로 등기된 국내에 있는 부동산을 말한다.

④ 제1항 각 호에 따른 자료 제공 또는 신고는 성명 및 주소를 분명히 적고 서명 또는 날인한 문서로 하여야 한다. 이 경우 객관적으로 확인되는 증거자료 등을 첨부하여야 한다.

⑥ 제1항에 따른 포상금의 지급기준, 지급방법과 제4항에 따른 신고기간, 자료제공 및 신고방법 등에 관하여 필요한 사항은 대통령령으로 정한다.

신고포상금

제3절 「국세기본법 시행령」의 규정

제65조의4(포상금의 지급) ① 법 제84조의2 제1항 제1호에 해당하는 자에게는 탈루세액 또는 부당하게 환급·공제받은 금액(「조세범 처벌법」 제1조 제1항부터 제4항까지의 규정에 따른 세금계산서의 발급 의무위반 등의 경우에는 공급가액에 부가가치세의 세율을 적용하여 계산한 세액의 100분의15에 상당하는 금액을 말하며, 이하 이 조에서 "탈루세액등"이라 한다)에 다음 표의 지급률을 적용하여 계산한 금액을 포상금으로 지급할 수 있다. 다만, 포상금이 20억 원을 초과하는 경우 그 초과하는 부분은 지급하지 아니한다.

〈탈루세액등 대비 지급률〉
5천만 원 이상 5억 원 이하 : 100분의15
5억 원 초과 20억 원 이하 : 7천5백만 원 + 5억 원 초과금액의 100분의10
20억 원 초과 : 2억2천5백만 원 + 20억 원 초과금액의 100분의5

② 탈루세액등에는 다음 각 호의 사유로 세액의 차이가 발생한 경우 그 차액을 포함하지 아니한다.
1. 세무회계와 기업회계간의 차이로 인하여 세액의 차이가 발생한 경우
2. 「상속세 및 증여세법」에 따른 평가가액의 차이로 인하여 세액의 차이가 발생한 경우
3. 소득, 거래 등에 대한 귀속연도의 착오로 인하여 세액의 차이가 발생한 경우

③ 법 제84조의2 제1항 제2호에 해당하는 자에게는 은닉재산의

신고를 통하여 징수된 금액(이하 이 조에서는 "징수금액"이라 한다)에 다음 표의 지급률을 적용하여 계산한 금액을 포상금으로 지급할 수 있다. 다만, 포상금이 20억 원을 초과하는 경우 그 초과하는 부분은 지급하지 아니한다.

2천만 원 이상 2억 원 이하 : 100분의15

2억 원 초과 5억 원 이하 : 3천만 원 + 2억 원 초과금액의 100분의10

5억 원 초과 : 6천만 원 + 5억 원 초과금액의 100분의5

④ 법 제84조의2 제1항 제3호 또는 제4호에 해당하는 자에게는 신용카드현금영수증의 결제 · 발급을 거부하거나 사실과 다르게 발급한 금액(사실과 다르게 발급한 경우 발급하여야 할 금액과의 차액을 말한다. 이하 이 조에서 "거부금액"이라 한다)에 따라 다음의 금액을 포상금으로 지급할 수 있다. 다만, 포상금으로 지급할 금액 중 1천만 원 미만의 금액은 없는 것으로 하고, 동일인이 받을 수 있는 포상금은 연간 200만 원으로 한다.

5천 원 이상 5만 원 이하 : 1만 원

5만 원 초과 250만 원 이하 : 거부금액의 100분의20에 해당하는 금액

250만 원 초과 : 50만 원

⑨ 현금영수증을 발급한 후 재화나 용역을 공급받은 자의 의사에 반하여 그 발급을 취소하는 경우에는 법 제84조의2 제1항 제4호 가목의 현금영수증 발급을 거부하는 것으로 본다.

⑬ 법 제84조의2 제1항 제3호에 따른 신고는 같은 호 각 목의 행위가 있는 날부터 1개월 이내에, 같은 항 제4호에 따른 신고는 같

 신고포상금

은 호 각 목의 행위가 있은 날부터 5년 이내에 관할 세무서장, 관할 지방국세청장 또는 국세청장에게 하여야 한다.

⑭ 법 제84조의2 제1항 제5호에 해당하는 자에게는 신고건별로 100만 원을 포상금으로 지급할 수 있다. 다만, 타인의 명의를 사용하여 사업을 하는 자가 다음 각 호의 어느 하나에 해당하는 경우로서 조세를 회피할 목적이 없거나 강제집행을 면탈할 목적이 없다고 인정되면 포상금을 지급하지 아니한다.

1. 배우자, 직계존속 또는 직계비속의 명의를 사용한 경우
2. 약정한 기일 내에 채무를 변제하지 아니하여 「신용정보의 이용 및 보호에 관한 법률」 제25조 제2항 제1호에 따른 종합신용정보집중기관에 등록된 경우

⑮ 법 제84조의2 제1항 제6호에 해당하는 자에게는 과태료금액 또는 벌금액(징역형에 해당하는 경우에는 「국제조세조정에 관한 법률 시행령」 제51조 제3항 제3호의 과태료 부과 기준을 준용하여 산출한 금액)에 다음의 지급률을 곱하여 계산한 금액을 포상금으로 지급할 수 있다. 다만, 20억 원을 초과하는 부분은 지급하지 아니한다.

과태료금액 또는 벌금액 : 지급률

2천만 원 이상 2억 원 이하 : 100분의15

2억 원 초과 5억 원 이하 : 3천만 원 + 2억 원을 초과한 금액의 100분의10

5억 원 초과 : 6천만 원 + 5억 원을 초과하는 금액의 100분의5

⑯ 법 제84조의2 제1항 제7호에 해당하는 자에게는 해당 금융자산을 통한 탈루세액등이 1천만 원 이상인 신고 건별로 50만 원을 포상금으로 지급할 수 있다. 다만, 동일인이 지급받을 수 있는 포

상금은 연간 5천만 원을 한도로 한다.

⑰ 「소득세법」 제162조의3 제4항 또는 「법인세법」 제117조의2 제4항에 따른 의무위반자를 신고한 자에 대한 포상금은 제4항에도 불구하고 그 거부금액의 100분의20을 넘지 아니하는 범위에서 국세청장이 정한다.

⑲ 법 제84조의2 제1항 각 호의 어느 하나에 해다하는 자에게 포상금을 지급하는 경우 같은 사안에 대하여 중복신고가 있으면 최초로 신고한 자에게만 포상금을 지급한다.

⑳ 포상금의 세부적인 지급방법 등에 관하여 필요한 사항은 국세청장이 정한다.

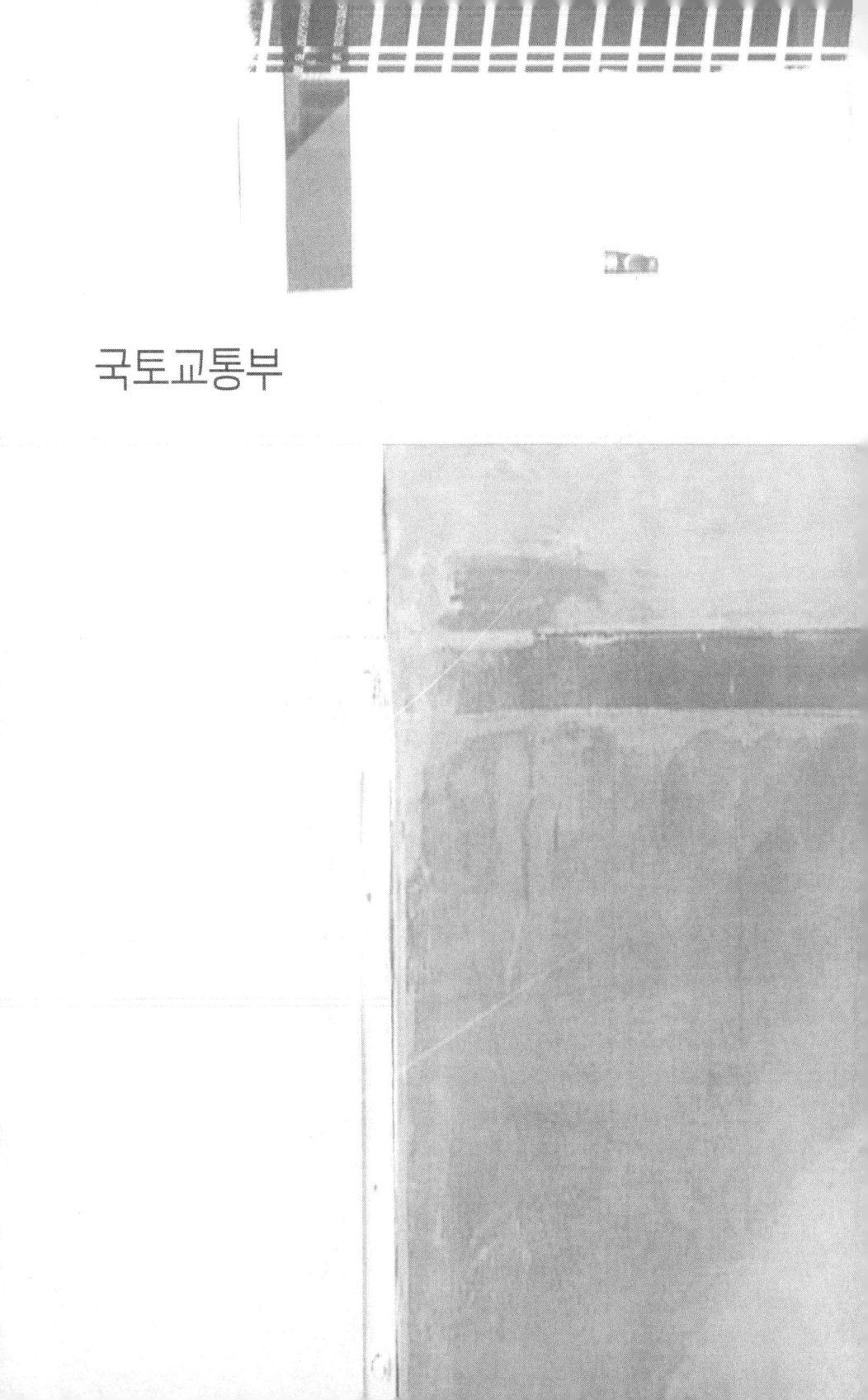

국토교통부

제14장
토지거래허가구역 내 토지의 무허가거래

제1절 제도의 이해

「국토의 계획 및 이용에 관한 법률」은 국토의 투기적 거래행위 등을 방지하기 위해서 토지거래허가구역을 지정할 수 있도록 규정하고 있다. 토지거래허가구역 안에 있는 토지의 소유권을 이전하는 계약, 지상권을 설정·이전하는 계약을 체결하려는 당사자는 공동으로 토지가 있는 곳을 관할하는 시장·군수·구청장의 허가를 받도록 하고 있다. 이 계약에는 예약을 포함하며, 유상계약(有償契約)만을 말한다.

제2절 「국토의 계획 및 이용에 관한 법률」의 규정

제124조(토지 이용에 관한 의무 등) ③ 시장·군수·구청장은 다음 각 호의 어느 하나에 해당하는 자를 시장·군수 또는 구청장이나 수사기관에 신고하거나 고발한 자에게 대통령령으로 정하는 바에 따라 포상금을 지급할 수 있다.

1. 제118조 제1항에 따른 허가 또는 변경허가를 받지 아니하고

 신고포상금

토지거래계약을 체결한 자 또는 거짓이나 그 밖의 부정한 방법으로 토지거래계약허가를 받은 자
2. 토지거래계약허가를 받아 취득한 토지에 대하여 제1항을 위반하여 허가받은 목적대로 이용하지 아니한 자

제3절 「국토의 계획 및 이용에 관한 법률 시행령」의 규정

제124조의2(신고포상금) ① 법 제124조 제3항에 따른 포상금은 1건당 50만 원으로 하며, 예산의 범위 안에서 지급하여야 한다.
② 시장·군수 또는 구청장은 다음 각 호의 어느 하나에 해당하는 경우에는 제1항에 따라 포상금을 지급한다.
1. 행정기관 또는 수사기관이 적발하기 전에 법 제124조 제3항 제1호에 해당하는 자를 시장·군수 또는 구청장이나 수사기관에 신고 또는 고발한 자는 그 신고 또는 고발사건에 대한 검사의 공소제기 또는 기소유예의 결정이 있는 경우
2. 행정기관이 적발하기 전에 법 제124조 제3항 제2호에 해당하는 자를 시장·군수 또는 구청장이나 수사기관에 신고 또는 고발한 자는 그 신고 또는 고발사건에 대한 시장·군수 또는 구청장의 이행명령이 있는 경우
③ 수사기관이 제2항 제1호에 해당하는 고발사건을 접수하여 공소제기 또는 기소유예의 결정을 한 때에는 지체 없이 시장·군수 또는 구청장에게 통보하여야 한다.

④ 제1항에 따른 포상금을 2인 이상의 자가 함께 받게 되는 경우의 배분방법, 그 밖에 포상금의 지급방법 및 절차 등에 관하여 필요한 사항은 국토교통부령으로 정한다.

제4절 「국토의 계획 및 이용에 관한 법률 시행규칙」의 규정

제29조의2(포상금의 지급) ① 시장·군수 또는 구청장은 다음 각 호의 어느 하나에 해당하는 때에는 법 제124조 제3항에 따른 포상금의 지급을 결정하고, 그 결정일부터 2월 이내에 포상금을 지급하여야 한다.
1. 시행령 제124조의2 제2항 제1호의 경우 : 수사기관으로부터 동조 제3항에 따른 공소 제기 또는 기소유예의 통보를 받은 때
2. 시행령 제124조의2 제2항 제2호의 경우 : 시장·군수 또는 구청장이 이행명령을 한 때

② 시장·군수 또는 구청장은 하나의 사건에 대하여 신고 또는 고발한 자가 2인 이상인 경우에는 시행령 제124조의2 제1항에 따른 포상금을 균등하게 배분하여 지급하여야 한다. 다만, 포상금을 지급받을 자가 배분방법에 관하여 미리 합의하여 포상금의 지급을 신청하는 경우에는 그 합의된 방법에 따라 지급한다.

제15장 국민주택의 불법 전매(轉賣)

제1절 제도의 이해

「주택법」은 국민의 주거안정과 주거수준의 향상 등을 위하여 마련된 법이다. 법은 이러한 목적을 달성하기 위하여 일정한 기간 동안 국민주택 등의 전매(轉賣)를 제한하고 있다. 이 법이 규정하는 전매행위는 법의 목적을 달성함에 있어 걸림돌이 되는 것이므로, 공익적 목적을 위하여 신고를 장려하는 포상금제도를 시행하고 있다. 전매행위가 제한되는 기간은 10년의 범위 안에서 각 지역마다 다소 차이가 있다.

이 법에 의하여 신고대상이 될 수 있는 주택은 국민주택규모의 주택이다. "국민주택"이란 국민주택기금으로부터 자금을 지원받아 건설 또는 개량되는 주택으로서 전용면적이 1호(戶) 또는 1세대당 85제곱미터 이하(「수도권정비계획법」 제2조 제1호에 따른 수도권을 제외한 도시지역이 아닌 읍·면지역은 100제곱미터 이하)인 주택을 말한다. 임대주택은 이 법의 적용 대상이 아니다.

국토교통부

제2절 「주택법」의 규정

제89조의2(분양권전매 등에 대한 신고포상금) 시·도지사는 제41조의2를 위반하여 분양권 등을 전매하거나 알선하는 자를 주무관청에 신고한 자에게 대통령령으로 정하는 바에 따라 포상금을 지급할 수 있다.

제41조의2(주택의 전매제한 등) ① 사업주체가 건설·공급하는 주택 또는 주택의 입주자로 선정된 지위(입주자로 선정된 그 주택에 입주할 수 있는 권리·자격·지위 등을 말한다)로서 다음 각 호의 어느 하나에 해당하는 경우에는 10년 이내의 범위에서 대통령령으로 정하는 기간이 지나기 전에는 그 주택 또는 지위를 전매(매매·증여나 그 밖에 권리의 변동을 수반하는 모든 행위를 포함하되, 상속을 제외한다)하거나 이의 전매를 알선할 수 없다. 이 경우 전매제한기간은 주택의 수급상황 및 투기 우려 등을 고려하여 대통령령으로 지역별로 달리 정할 수 있다.

1. 투기과열지구에서 건설·공급되는 주택의 입주자로 선정된 지위
2. 분양가상한제 적용주택 및 그 주택의 입주자로 선정된 지위. 다만, 「수도권정비계획법」 제2조 제1호에 따른 수도권 외의 지역으로서 투기과열지구가 지정되지 아니하거나 제41조에 따라 지정해제된 지역 중 공공택지 외의 택지에서 건설·공급되는 분양 가상한제 적용주택 및 그 주택의 입주자로 선정된 지위에 대하여는 그러하지 아니하다.
3. 제41조의3에 따라 지정된 주택공영개발지구에서 제38조의2

신고포상금

에 따른 분양가격의 제한을 받지 아니하고 제41조의3 제2항에 따른 공공기관이 건설·공급하는 공동주택 및 그 주택의 입주자로 선정된 지위

② 제1항 각 호의 어느 하나에 해당하여 입주자로 선정된 자 또는 제1항 제2호 또는 제3호에 해당하는 주택을 공급받은 자의 생업상의 사정 등으로 전매가 불가피하다고 인정되는 경우로서 대통령령으로 정하는 경우에는 제1항을 적용하지 아니한다. 다만, 제1항 제2호 또는 제3호에 해당하는 주택을 공급받은 자가 전매하는 경우에는 한국토지주택공사(또는 지방공사)가 그 주택을 우선 매수할 수 있다.

제3절 「주택법 시행령」의 규정

제118조의2(신고포상금의 지급대상 등) ① 시·도지사는 법 제89조의2에 따라 다음 각 호의 어느 하나에 해당하는 부정행위를 신고한 자에게 포상금을 지급할 수 있다.

1. 법 제41조의2의 규정에 위반하여 입주자로 선정된 지위 또는 주택을 전매한 자
2. 법 제41조의2의 규정에 위반하여 입주자로 선정된 지위 또는 주택에 대한 전매행위를 알선한 자

② 부정행위를 신고하고자 하는 자는 부정행위신고서에 부정행위를 입증할 수 있는 자료를 첨부하여 시·도지사에게 신고하여야 한다.

③ 시·도지사는 제1항에 따른 신고를 받은 경우 부정행위와 관련된 사실관계를 조사하기 위하여 관할 수사기관에 수사를 의뢰하여야 하며, 수사를 의뢰받은 기관은 해당 수사결과(법 제96조 제2호에 따른 벌칙부과 등 확정판결의 결과를 포함한다)를 시·도지사에게 통보하여야 한다.
④ 시·도지사는 제3항에 따른 수사결과를 신고자에게 통지하여야 한다.
⑤ 부정행위를 신고한 자가 포상금을 지급받으려는 경우에는 제4항에 따른 통지를 받은 후 신고포상금지급신청서에 다음 각 호의 서류를 첨부하여 시·도지사에게 포상금의 지급을 신청하여야 하며, 시·도지사는 신청일부터 30일 이내에 포상금을 지급하여야 한다.
1. 수사결과통지서 사본 1부
2. 통장 사본 1부
⑥ 제5항에 따라 지급하는 포상금의 구체적인 지급기준은 국토교통부령으로 정한다.

제4절 「주택법 시행규칙」의 규정

제51조의2(포상금의 지급기준) ① 시행령 제118조의2 제5항에 따른 **포상금은 1천만 원** 이하에서 지급하되, 구체적인 지급기준 및 지급기준액은 별표10과 같다.
③ 다음 각 호의 어느 하나에 해당하는 경우에는 포상금을 지급

신고포상금

하지 아니할 수 있다.

1. 신고받은 전매행위 또는 이의 알선행위(이하 "부정행위"라 한다)가 이미 언론매체 등에 공개된 내용이거나 이미 수사 중인 경우
2. 관계 행정기관이 사실조사 등을 통하여 신고받은 부정행위를 이미 알게 된 경우

④ 시·도지사는 제3항에 따라 포상금을 지급하지 아니하는 경우에는 그 사유를 신고한 자에게 통지하여야 한다.

⑤ 시행령 제118조의2 제2항에 따른 부정행위신고서는 별지 제58조의5 서식과 같다.

⑥ 시행령 제118조의2 제5항에 따른 신고포상금 지급신청서는 별지 제58호의6 서식과 같다.

국토교통부

(별지 제58호의 5 서식)

부정행위 신고서

① 신고인	성명		주민등록번호	
	주소·전화			
② 부정행위를 한 자	성명			
	주소·전화			
③ 부정행위의 내용				

「주택법」제89조의2 및 동법 시행령 제118조의2 제2항에 따라 위와 같이 부정행위를 신고합니다.

년　　월　　일

신고인　　　　　(인)

특별시장·관역시장·도지사 귀하

첨부 : 부정행위를 입증할 수 있는 자료
2. 기재요령
　가. ② 부정행위를 한 자가 부동산 중개업자인 경우에는 성명란에 부동산사무소의 명칭을 함께 기재합니다.
　나. ③ 부정행위 내용은 부정행위를 알게 된 경위 및 부정행위의 내용 등을 누가, 언제, 이디에서, 무엇을, 어떻게 하였다는 순서를 구체적으로 작성하여 주십시오(별지 작성이 가능합니다).

신고포상금

(별지 제58조의 6 서식)

신고포상금 지급신청서			처리기간
			30일
신고인	성명		주민등록번호	
	주소		
	입금은행 및 계좌번호		
신고한 부정행위의 내용			
신고일자		년 월 일	
부정행위의 내용			

「주택법」제89조의2 및 동법 시행령 제118조의2 제5항에 따라 위와 같이 포상금의 지급을 신청합니다.

년   월   일

신고인   (인)

특별시장 · 광역시장 · 도지사 귀하

구비서류 수사결과통지서 사본 1부 통장 사본 1부 구비서류 수사결과통지서 사본 1부 통장 사본 1부	수수료
	없음

제16장 공인중개사 등록 관련 부정행위

제1절 「공인중개사의 업무 및 부동산 거래신고에 관한 법률」의 규정

제46조(포상금) ① **등록관청**은 다음 각 호의 어느 하나에 해당하는 자를 등록관청이나 수사기관에 고발한 자에 대하여 대통령령이 정하는 바에 따라 포상금을 지급할 수 있다.

  1. 제9조의 규정에 의한 중개사무소의 개설등록을 하지 아니하고 중개업을 한 자
  2. 거짓 그 밖의 부정한 방법으로 중개사무소의 개설등록을 한 자
  3. 중개사무소등록증 또는 공인중개사자격증을 다른 사람에게 양도 · 대여하거나 다른 사람으로부터 양수 · 대여받은 자
  ☆ 등록관청 : 공인중개사의 등록관청은 시장 · 군수 · 구청장이다.

제2절 「법 시행령」의 규정

제37조(포상금) ① 법 제46조 제1항의 규정에 따른 **포상금은 1건당 50만 원**으로 한다.

신고포상금

② 제1항의 규정에 따른 포상금은 법 제46조 제1항 각 호의 어느 하나에 해당하는 자가 행정기관에 의하여 발각되기 전에 등록관청이나 수사기관에 신고 또는 고발한 자에게 신고 또는 고발사건에 대하여 검사가 공소제기 또는 기소유예의 결정을 한 경우에 한하여 지급한다.
④ 그 밖의 포상금의 지급방법 및 절차 등에 관하여 필요한 사항은 국토교통부령으로 정한다.

제3절 법 시행규칙의 규정

제28조(포상금의 지급) ① 시행령 제37조의 규정에 따른 포상금을 지급받고자 하는 자는 별지 제28호 서식의 포상금지급신청서를 등록관청에 제출하여야 한다.
② 제1항의 규정에 따라 포상금지급신청서를 제출받은 등록관청은 그 사건에 관한 수사 기관의 처분내용을 조회한 후 포상금의 지급을 결정하고, 그 결정일부터 1월 이내에 포상금을 지급하여야 한다.
③ 등록관청은 하나의 사건에 대하여 2인 이상이 공동으로 신고 또는 고발한 경우에는 시행령 제37조 제1항의 규정에 따른 포상금을 균등하게 배분하여 지급한다. 다만, 포상금을 지급받을 자가 배분방법에 관하여 미리 합의하여 포상금의 지급을 신청한 경우에는 그 합의된 방법에 따라 지급한다.
④ 등록관청은 하나의 사건에 대하여 2건 이상의 신고 또는 고발이 접수된 경우에는 최초로 신고 또는 고발한 자에게 포상금을

국토교통부

지급한다.

(별지 제28호 서식)

포상금지급신청서				처리기간	
				포상금지급결정 후 1월	
신청인	성명		주민등록번호/ 외국인등록번호		
	주소/ 체류지	(전화번호 :)			
신고 또는 고발한 범법행위의 내용		신고일자			
		신고·고발기관			
		범법행위자			
		범법행위 유형			
		범법행위 장소			
포상금액		* 신고 또는 고발인이 2인 이상인 경우로서 포상금 배분방법 에 관하여 합의한 경우에는 각각 지급받을 금액을 적습니다.			
수령 계좌번호					
「공인중개사의 업무 및 부동산거래 신고에 관한 법률 시행규칙」제28조 제1항에 따라 위와 같이 포상금 지급을 신청합니다. 　　　　　　　　　　　　　　　년　　　월　　　일 　　　　　　　　　　　신청인　　　　　　　(인) 시장·군수·구청장 귀하					
구비 서류	1. 수사기관의 고발확인서(수사기관에 고발한 경우에 　한합니다) 1부			수수료	
	2. 포상금 배분에 관한 합의각서(2인 이상이 함께 신고 　또는 고발한 경우로서 배분액에 관한 합의가 성립 　된 경우에 한합니다) 1부			없음	

제17장 해양오염물질 불법 배출·투기(投棄)

제1절 제도의 이해

「해양환경관리법」은 해양에 직접 또는 해양에 유입될 수 있는 해양오염물질을 함부로 버리는 행위 등을 단속하는 것을 목적으로 한다. 해양오염물질이란 해양환경에 해로운 영향을 미치는 폐기물·기름·밸러스트수·선저폐수(船底廢水)·유해액체물질 및 포장유해물질을 말한다. "밸러스트수"는 선박의 중심을 잡기 위하여 선박에 싣는 물을 말하고, "선저폐수"란 선박의 밑바닥에 고인 액상유서혼합물질을 말한다.

제2절 「해양환경관리법」의 규정

제119조의2(신고포상금) ① 해양수산부장관, 해양경찰청장, 시·도지사 또는 시장·군수·구청장은 다음 각 호의 어느 하나에 해당하는 자를 관계 행정기관 또는 수사기관에 신고 또는 고발한 자에 대하여 예산의 범위에서 신고포상금을 지급할 수 있다.
1. 제22조 제1항 및 제2항을 위반하여 선박 또는 해양시설 등에

국토교통부

서 발생하는 오염물질을 배출한 자
2. 제23조 제1항을 위반하여 해양수산부령으로 정하는 해역(海域) 외에서 폐기물을 해양에 배출한 자
② 제1항에 따른 신고포상금의 지급의 기준·방법과 절차, 구체적인 지급액 등에 필요한 사항은 대통령령으로 정한다.

제3절 「해양환경관리법 시행령」의 규정

제91조의2(신고포상금의 지급) ① 법 제119조의2 제1항에 따른 신고포상금을 받으려는 자는 해양수산부령으로 정하는 바에 따라 해양수산부장관, 해양경찰청장, 시·도지사 또는 시장·군수·구청장(이하 "해양수산부장관등"이라 한다)에게 포상금 지급을 신청하여야 한다.
② 해양수산부장관등은 제1항에 따른 포상금 지급신청이 있는 경우에는 그 사건에 관한 관계 행정기관 또는 수사기관으로부터 행위자 및 오염물질의 배출량 등 사실관계를 확인한 후, 포상금 지급 여부 및 지급액을 결정하고 그 결정일부터 30일 이내에 포상금을 지급하여야 한다.
③ 포상금은 **300만 원 이내**에서 별표 제18의2의 포상금 지급기준에 따라 지급한다.
　* 포상금의 지급기준은 위반행위자가 무단으로 버린 오염물질의 양을 톤과 리터로 환산하여 최저금액 5만 원부터 지급하는 것으로 규정하고 있다.

 신고포상금

④ 해양수산부장관등은 하나의 사건에 대하여 2명 이상이 각각 신고 또는 고발을 하고 포상금을 신청한 경우에는 최초로 신고 또는 고발을 한 사람에게 포상금을 지급한다. 다만, 2명 이상이 공동으로 신고 또는 고발을 하고 포상금 분배방법에 미리 합의하여 포상금의 지급을 신청한 경우에는 그 합의된 방법에 따라 포상금을 지급한다.

제4절 「해양환경관리법 시행규칙」의 규정

제82조의2(신고포상금의 지급신청) 시행령 제91조의2 제1항에 따라 신고포상금을 신청하려는 자는 별지 제75호 서식의 포상금지급신청서를 해양경찰서장, 시·도지사 또는 시장·군수·구청장에게 제출하여야 한다.

국토교통부

(별지 제75호 서식)

포 상 금 지 급 신 청 서			처리기간	
			지급결정일부터 30일 이내	
신고인	성명		생년월일	
	주소/ 체류지			
신고 또는 고발한 범법행위의 내용	신고일자			
	신고 · 고발기관			
	범법행위자			
	범법행위의 유형			
	범법행위 장소			
포상금액	※ 2명 이상이 공동으로 신고 또는 고발한 경우로서 포상금 배분 방법에 관하여 합의한 경우에는 각각 지급받을 금액을 적습니다.			
수령 계좌번호				

「해양관리법 시행령」 제91조의2 제1항 및 같은 법 시행규칙 제82조의2에 따라 위와 같이 포상금 지급을 신청합니다.

년   월   일

신청인   (인)

해양경찰서장, 시도지사, 시장 · 군수 · 구청장 귀하

구비서류	1. 관계 행정기관 또는 수사기관의 신고확인서 또는 고발확인서 1부 2. 포상금 배분에 관한 합의각서(2명 이상이 공동으로 신고 또는 고발한 경우로서 배분액에 관한 합의가 성립한 경우에 해당합니다) 1부

금융위원회

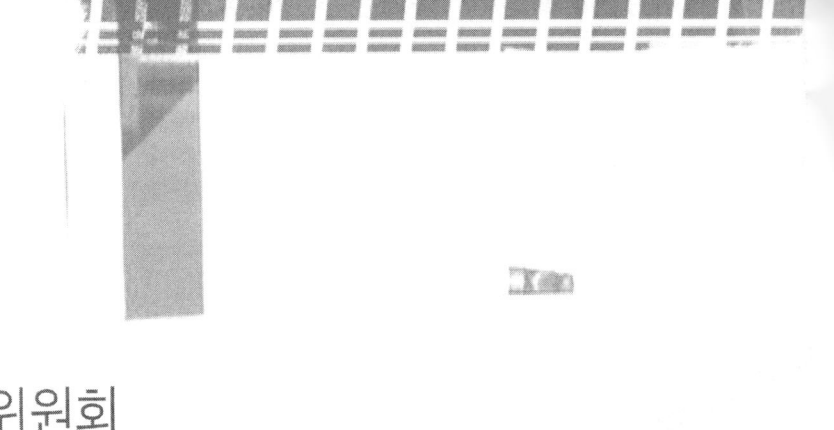

제18장 상호저축은행의 위법행위

제1절 제도의 이해

「상호저축은행법」은 상호저축은행의 불실경영 – 특히 대주주의 사금고화(私金庫化) – 을 막기 위하여 신고자에 대한 포상제도를 규정하고 있다. 이 법은 그 신고대상이 매우 넓다는 특징을 보인다. 즉 이 법을 위반하는 일체의 행위를 대상으로 하며, 신고대상 행위의 유형은 ⓐ 법위반행위를 알게 된 경우, ⓑ 법위반행위를 강요받은 경우 및 ⓒ 법위반행위를 제의받은 경우이다. 법위반행위는 처벌 또는 과태료의 대상이다. 행위의 제한규정은 중요한 것만을 소개한다.

제2절 「상호저축은행법」의 규정

제23조의3(위법행위자의 신고 및 신고자 보호) ① 누구든지 이 법 위반행위를 알게 되었거나 이를 강요 또는 제의받은 경우에는 대통령령으로 정하는 바에 따라 금융위원회 또는 금융 감독원장에게 신고 또는 제보할 수 있다.

④ 금융위원회 또는 금융감독원장은 대통령령으로 정하는 바에

신고포상금

따라 신고자등에게 포상금을 지급할 수 있다.

제39조(벌칙) ① 다음 각 호의 어느 하나에 해당하는 자는 10년 이하의 징역 또는 5억 원 이하의 벌금에 처한다.

1. 제12조의3을 위반하여 같은 조 각 호의 어느 하나에 해당하는 행위를 한 대주주 또는 대주주의 특수관계인
2. 제18조의2 제1항 제11호를 위반하여 영업의 전부 또는 일부를 정지한 자
3. 제37조 제1항 또는 제2항을 위반하여 신용공여 및 예금 등을 하거나 가지급금을 지급한 자
4. 제37조 제1항 또는 제3항을 위반하여 신용공여 또는 예금 등을 받거나 가지급금을 받은 자

② 다음 각 호의 어느 하나에 해당하는 자는 1년 이상 10년 이하의 징역 또는 1천만 원 이상 1억 원 이하의 벌금에 처한다.

1. 상호저축은행의 자본금의 납입을 가장(假裝)한 자 또는 이에 응하거나 이를 중개한 자
2. 상호저축은행의 발기인, 임원, 관리인, 청산인, 지배인 및 그 밖에 상호저축은행의 영업에 관한 어느 종류 또는 특정한 사항의 위임을 받은 사용인으로서 그 임무에 위배한 행위로 재산상의 이익을 취득하거나 제3자에게 취득하게 하여 상호저축은행에 손해를 입힌 자

③ 제6조 제1항을 위반하여 인가를 받지 아니하고 업무를 한 자는 5년 이하의 징역 또는 5천만 원 이하의 벌금에 처한다.

④ 다음 각 호의 어느 하나에 해당하는 자는 3년 이하의 징역 또는 3천만 원 이하의 벌금에 처한다.

1. 제18조의5 제1항 또는 제2항을 위반하여 광고한 자
2. 제23조의3 제2항을 위반하여 신고자 등의 신분 등에 관한 비밀을 누설한 자

⑤ 다음 각 호의 어느 하나에 해당하는 자는 1년 이하의 징역 또는 1천만 원 이하의 벌금에 처한다.

1. 제7조 제1항 또는 제2항을 위반하여 지점 등을 설치한 자
2. 제9조를 위반하여 명칭의 사용 등과 관련된 의무를 이행하지 아니한 자
3. 제10조를 위반하여 인가를 받지 아니하고 같은 조 제1항 각 호의 어느 하나에 해당하는 행위를 한 자
4. 제10조의6 제1항 또는 제2항을 위반하여 승인을 받지 아니한 자 또는 승인신청을 하지 아니한 자
5. 제10조의6 제4항 또는 제8항에 따른 주식처분명령을 위반한 자
6. 제12조 제1항부터 제3항까지 또는 제5항을 위반한 자
7. 제18조의2 제1항 또는 제2항을 위반하여 각각 같은 항 각 호의 어느 하나에 해당하는 행위를 하거나 같은 조 제3항을 위반한 자(제18조의2 제1항 제11호를 위반한 자는 제외한다)
8. 제24조의3 제1항에 따른 경영관리를 거부·방해 또는 기피한 자
9. 제24조의3 제1항에 따라 선임된 관리인에게로의 사무인계를 거부·방해 또는 기피한 자
10. 제24조의4 제1항을 위반하여 지급, 직무집행 또는 주주명의개서를 한 자
11. 제24조의11 제1항 또는 제24조의15 제2항에 따른 계약이전

신고포상금

의 결정에 따르지 아니한 자

⑥ 다음 각 호의 어느 하나에 해당하는 자는 6개월 이하의 징역 또는 500만 원 이하의 벌금에 처한다.

1. 제15조를 위반하여 지급준비자산을 보유하지 아니한 자
2. 제17조를 위반하여 차입한 자
3. 제19조 제1항 또는 제2항을 위반하여 적립금을 적립하지 아니 하거나 적립금을 사용한 자

제40조(과태료) 생략

제12조의3(대주주의 부당한 영향력 행사의 금지) 상호저축은행의 대주주는 상호저축은행의 이익에 반하여 대주주 자신의 이익을 목적으로 다음 각 호의 어느 하나에 해당하는 행위를 하여서는 아니 된다.

1. 부당한 영향력을 행사하기 위하여 상호저축은행에 대하여 외부에 공개되지 아니한 자료 또는 정보의 제공을 요구하는 행위. 다만, 제10조의5 제3항에 해당하는 경우는 제외한다.

    * 제10조의5 제3항에 해당하는 경우는 상호저축은행이 발행한 주식의 100분의50 이상을 6개월 이상 보유한 주주를 말한다.

2. 경제적 이익 등 반대급부의 제공을 조건으로 다른 주주와 담합하여 상호저축은행의 인사 또는 경영에 부당한 영향력을 행사하는 행위

3. 그 밖에 제1호 및 제2호에 준하는 행위로서 대통령령으로 정하는 것

제18조의2(금지행위) ① 상호저축은행은 다음 각 호의 행위를 하여서는 아니 된다.

금융위원회

2. 업무용 부동산 외의 부동산의 소유. 다만, 담보권의 실행으로 취득하는 경우는 제외한다.
3. 채무의 보증이나 담보의 제공(보증이나 담보의 제공에 따른 신용위험이 현저하게 낮은 경우로서 대통령령으로 정하는 보증이나 담보의 제공은 제외한다)
4. 직접·간접을 불문하고 그 상호저축은행의 주식을 매입하도록 하기 위한 신용공여 또는 그 상호저축은행의 주식을 담보로 하는 신용공여
5. 상품 또는 유가증권에 대한 투기를 목적으로 하는 신용공여
6. 타인의 명의를 이용한 신용공여
10. 「자본시장과 금융투자업에 관한 법률」 제9조 제6항에 따른 일반투자자(대통령령으로 정하는 대주주는 제외한다)를 대상으로 사모(私募)의 방법으로 후순위채권을 발행하는 행위

제37조(대주주 등에 대한 신용공여의 금지) ① 상호저축은행은 다음 각 호의 어느 하나에 해당하는 자(이하 "대주주등"이라 한다)에 대하여 신용공여 및 예금 등을 하거나 가지급금을 지급하지 못하며, 대주주등은 상호저축은행으로부터 신용공여 및 예금 등을 받거나 가지급금을 받지 못한다. 다만, 대주주등에 대한 자금지원의 목적이 없는 것으로서 대통령령으로 정하는 예금 등과 채권의 회수에 위험이 없거나 직원의 복리후생을 위한 것으로서 대통령령으로 정하는 신용공여는 제외한다.
1. 대주주(대통령령으로 정하는 주주를 포함한다)
2. 상호저축은행의 임직원
3. 제1호와 제2호의 자 또는 상호저축은행과 대통령령으로 정하

신고포상금

는 친족 또는 특수한 관계에 있는 자
② 상호저축은행은 제1항에 따른 신용공여 및 예금 등의 금지 또는 가지급금의 지급금지를 피할 목적으로 다른 상호저축은행과 서로 교차하여 다른 상호저축은행의 대주주등에게 신용공여 및 예금 등을 하거나 가지급금을 지급하여서는 아니 된다.
③ 상호저축은행의 대주주등은 해당 상호저축은행으로 하여금 제2항을 위반하게 하여 다른 상호저축은행으로부터 신용공여 및 예금 등을 받거나 가지급금을 받아서는 아니 된다.

제3절 「상호저축은행법 시행령」의 규정

제14조(위법행위 신고 등) ① 법 제23조의3 제1항에 따라 위법행위를 금융위원회나 금융감독 원장에게 신고하거나 제보하려는 경우에는 다음 각 호의 기준에 따라야 한다.
1. 신고하거나 제보하려는 내용이 특정인의 위법행위와 관련이 있을 것
2. 위반행위자, 위반일시·장소 등과 위반사실을 구체적으로 제시하고 그 증거 등을 함께 제시할 것
3. 신고자 또는 제보하려는 자의 신원을 밝힐 것
④ 금융위원회나 금융감독원장은 접수된 신고 또는 제보를 그 접수일부터 90일 이내에 처리하여야 한다. 이 경우 자료의 제출, 의견의 청취 등을 위하여 필요하다고 인정되는 경우에는 그 기간을 30일 이내에서 연장할 수 있다.

금융위원회

⑤ 금융위원회나 금융감독원장은 신고 또는 제보의 처리결과를 신고자등에게 문서로 알려야 한다. 다만, 금융위원회가 정하여 고시하는 경우에는 구술 또는 정보통신망 등으로 통지할 수 있으며, 이 경우에도 신고자 등이 요청하면 처리결과에 관한 문서를 내주어야 한다.

⑧ 금융위원회나 금융감독원장은 접수된 신고 또는 제보가 상호저축은행의 중대한 위법행위의 적발이나 그에 따른 조치에 도움이 되었다고 인정하는 경우에는 3억 원의 범위에서 금융위원회가 정하여 고시하는 기준에 따라 신고자등에게 예산의 범위에서 포상금을 지급할 수 있다.

⑨ 제1항부터 제8항까지에서 규정한 사항 외에 위법행위의 신고 또는 제보의 접수방법 및 처리절차, 포상금 지급 등에 필요한 사항은 금융위원회가 정하여 고시한다.

* 금융위원회의 고시 내용은 그의 홈페이지(www.fsc.go.kr)에서 확인이 가능하다.

제19장
자본시장(주식 · 파생상품 등) 불공정거래행위

제1절 제도의 이해

「자본시장과 금융투자업에 관한 법률」은 자본시장에서의 투기성 거래의 질서를 유지함으로써 투자자를 보호하고 금융산업의 발전을 도모하기 위한 법률이다. 이 법이 포상금을 내걸고 신고의 대상으로 하고 있는 법위반행위는 매우 다양하다. 이 법이 금지하는 모든 행위를 그 대상으로 하면서 그러한 행위를 알게 된 경우뿐만 아니라 위반행위를 강요나 제의받은 것까지도 그 대상으로 한다.

한국거래소 관련 업무, 각 상장회사의 공시 관련 업무(IR), 주식 및 유가증권 · 파생상품 직 · 간접 투자, 회사의 인수합병(M & A) 등 이 법 위반행위에 관하여 접근성이 있는 경우라면 이 법 제443조 내지 제446조까지에서 규정하는 벌칙 및 제449조에서 규정하고 있는 과태료에 해당하는 사유를 꼼꼼히 검토할 필요가 있을 것이다. 신고할 수 있는 행위들이 매우 많기 때문에 이 책에서는 구체적으로 예시하지 못한다는 점을 밝힌다. 이 책에서는 법조문의 인용을 생략하였지만, 법 제435조의 규정에 의하여 신고자에 대한 비밀은 철저히 지켜진다.

* 법률, 시행령, 시행규칙의 검색 요령 : ① 법제처 홈페이지(www.

moleg.go.kr) → ② "국가 법령" 클릭 → ③ 입력창에 "자본시장" 클릭

제2절 법률의 규정

제435조(위법행위의 신고 및 신고자 보호) ① 누구든지 제4편의 불공정거래행위, 그 밖에 이 법의 위반행위를 알게 되었거나 이를 강요 또는 제의받은 경우에는 금융위원회(제172조부터 제174조까지, 제176조, 제178조 및 제180조를 위반한 사항인 경우에는 증권선물위원회를 말한다. 이하 이 조에서 같다)에 신고 또는 제보할 수 있다.
② 금융위원회는 제1항에 따른 신고 또는 제보를 받은 경우에는 이를 신속하게 처리하고, 그 처리결과를 신고자 또는 제보자(이하 이 조에서 "신고자등"이라 한다)에게 통지하여야 한다.
⑦ 금융위원회는 신고자등에 대하여 포상금을 지급할 수 있다.
⑧ 제1항부터 제7항까지에 규정한 사항 외에 신고의 방법 및 처리, 신고자등에 대한 통지방법, 신고자등의 보호와 포상금 지급 등에 관한 사항은 대통령령으로 정한다.

제436조(전자문서에 의한 신고 등) ① 이 법에 따라 금융위원회, 증권선물위원회, 증권감독원장, 거래소, 협회 또는 예탁결제원에 신고서·보고서, 그 밖의 서류 또는 자료 등을 제출하는 경우에는 전자문서의 방법으로 할 수 있다.
② 제1항의 전자문서 등에 의한 신고 등의 방법 및 절차, 그 밖에 필요한 사항은 대통령령으로 정한다.

신고포상금

제3절 「법 시행령」의 규정

제384조(위법행위의 신고 등) ① 법 제435조 제1항에 따라 불공정거래행위 등 법의 위반행위 또는 위반행위의 강요나 제의를 받은 사실(이하 이 조에서 "불공정거래행위등"이라 한다)을 금융위원회(법 제172조부터 제174조까지, 제176조, 제178조 및 제180조를 위반한 사항인 경우에는 증권선물위원회를 말한다. 이하 이 조에서 같다)에 신고하거나 제보하려는 경우에는 다음 각 호의 기준에 따라야 한다.

1. 신고 또는 제보하는 내용이 특정인의 불공정거래행위등과 관련이 있는 경우
2. 위반행위자, 일시, 장소 등 불공정거래행위등의 구체적인 위반사실을 적시(摘示)하고 그 증거 등을 함께 제시할 것
3. 신고 또는 제보하는 자(이하 이 조에서 "신고자등"이라 한다)의 신원을 밝힐 것

② 금융위원회는 접수된 신고 또는 제보 사항에 대하여 신고자등을 상대로 인적사항, 신고 또는 제보의 경위 및 취지, 그 밖에 신고 또는 제보한 내용을 특정하는 데에 필요한 사항 등을 확인할 수 있다.

③ 금융위원회는 접수된 신고 또는 제보 사항에 대한 진위 여부를 확인하는 데 필요한 범위에서 신고자등에게 필요한 자료의 제출을 요구할 수 있다.

④ 금융위원회는 접수된 신고 또는 제보를 그 접수일부터 60일 이내에 처리하여야 한다. 이 경우 자료의 제출, 의견의 청취 등을 위하여 필요하다고 인정되는 경우 그 기간을 30일 이내에서 연장

할 수 있다.

⑦ 금융위원회는 신고 또는 제보에 대한 처리결과를 신고자등에게 문서로 통지하여야 한다. 다만, 금융위원회가 정하여 고시하는 경우에는 구술 또는 정보통신망 등으로 통지할 수 있으며, 이 경우에도 신고자등의 요청이 있으면 지체 없이 처리결과에 대한 문서를 교부하여야 한다.

⑧ 금융위원회는 접수된 신고 또는 제보가 불공정래행위등의 적발이나 그에 따른 조치에 도움이 되었다고 인정하는 경우에는 **20억 원**의 범위에서 금융위원회가 정하여 고시하는 기준에 따라 신고자등에게 금융감독원장으로 하여금 금융감독원의 예산의 범위에서 포상금을 지급하게 할 수 있다.

⑨ 제1항부터 제8항까지에서 규정한 사항 외에 불공정거래행위등의 신고 또는 제보의 접수 방법 및 처리절차, 포상금 지급 등에 관하여 필요한 사항은 금융위원회가 정하여 고시한다.

* 금융위원회가 정하여 고시한 내용은 금융위원회 홈페이지 (www.fsc.go.kr)에서 확인할 수 있다.
* 「증권선물위원회 운영규칙」, 「불공정거래행위신고 및 포상 등에 관한 규정」 등 참고.

제20장
상장회사(외부감사 대상 법인)의 회계부정행위

제1절 제도의 이해

「주식회사의 외부감사에 관한 법률」은 자본금이 일정한 규모 이상인 주식회사는 외부감사인을 반드시 두도록 하고, 회계처리의 적정을 담보함으로써 이해관계인을 보호하려고 한다. 즉 이 신고포상은 주권을 상장한 법인의 회계부정에 대한 내부자고발을 유도하기 위한 제도라고 할 수 있다. 증권선물위원회가 1억 원의 범위에서 포상금을 결정하면 증권감독원장이 이를 지급하도록 규정하고 있다. 내부자고발을 장려하는 포상금으로는 그 금액이 적정하지 아니하다고 생각될 수도 있겠다.

제2절 법률의 규정

제15조의3(부정행위 신고자의 보호 등) ① 회사의 회계정보와 관련하여 다음 각 호의 어느 하나에 해당하는 사항을 알게 된 자가 그 사실을 대통령령으로 정하는 바에 따라 증권선물위원회에 신고하

금융위원회

거나 해당 회사의 감사인 또는 감사에게 고지한 경우에는 그 신고자 또는 고지자(이하 "신고자등"이라 한다)에 대한 징계나 시정조치 등을 대통령령으로 정하는 바에 따라 감면할 수 있다.

1. 내부회계관리제도에 위배된 회계처리, 재무제표의 작성 및 공시를 하는 경우
2. 감사인이 제5조에 따른 회계감사기준에 따라 감사를 실시하지 아니하거나 거짓으로 감사 보고서를 작성하는 경우
3. 회사가 제13조에 따른 회계처리기준을 위반하여 재무제표를 작성·공시하는 경우
4. 그 밖에 제1호부터 제3호까지의 규정에 준하는 경우로서 회계정보를 거짓으로 작성하거나 사실을 감추는 경우

② 제1항에 따라 신고 또는 고지를 받은 자는 신고자등의 신분 등에 관한 비밀을 유지하여야 한다.

③ 신고자등이 제1항에 따른 신고 또는 고지를 하는 경우 해당 회사(해당 회사의 임직원을 포함한다)는 그 신고 또는 고지와 관련하여 직접 또는 간접적인 방법으로 신고자등에게 불이익한 대우를 하여서는 아니 된다.

④ 제3항을 위반하여 불이익한 대우로 신고자등에게 손해를 발생하게 한 회사와 해당 회사의 임직원은 연대하여 신고자등에게 손해를 배상할 책임이 있다.

⑤ 증권선물위원회는 제1항에 따른 신고가 주권상장법인인 회사의 회계정보와 관련하여 같은 항 각 호의 어느 하나에 해당하는 사항을 적발하거나 그에 따른 제16조 및 제16조의2에 따른 조치 등을 하는 데에 도움이 되었다고 인정하면 대통령령으로 정하는

신고포상금

바에 따라 신고자에게 포상금을 지급할 수 있다.

제3절 「법 시행령」의 규정

제15조의2(신고자등에 대한 포상금의 지급) ① 증권선물위원회는 특별한 사정이 있는 경우를 제외하고는 신고된 행위를 위반행위로 의결한 날(이의신청이 있는 경우에는 재결한 날)부터 4개월 이내에 1억 원의 범위에서 신고된 위반행위의 중요도와 위반행위의 적발 또는 그에 따른 조회 등에 대한 기여도 등을 고려하여 포상금의 지급 여부 및 지급액 등을 심의·의결하여야 한다. 이 경우 금융감독원장은 심의·의결이 있는 날부터 1개월 이내에 포상금을 지급한다.

② 제1항에 따른 포상금의 지급기준과 그 밖에 포상금 지급에 필요한 사항은 증권선물위원회가 정한다.

농림축산식품부

제21장
유전자변형농수산물의 표시방법등 위반행위

제1절 제도의 이해

「농수산물품질관리법」은 유전자변형농수산물의 유통에 관하여 규제하고 있다. "유전자변형농수산물"이라고 함은 인공적으로 유전자를 분리하거나 재조합하여 의도한 특성을 갖도록 한 농수산물을 말한다. 이를 규제하면서 신고자에게 포상금을 지급하는 것은 소비자의 선택권을 보장하고, 농어민의 소득증대에도 기여하고자 함이다.

제2절 「농수산물품질관리법」의 규정

제112조(포상금) 식품의약품안전처장은 제56조 또는 제57조를 위반한 자를 주무관청 또는 수사기관에 신고하거나 고발한 자 등에게는 대통령령이 정하는 바에 따라 예산의 범위에서 포상금을 지급할 수 있다.
제56조(유전자변형 농수산물의 표시) ① 유전자변형 농수산물을 생산하여 출하하는 자, 판매하는 자 또는 판매할 목적으로 보관·진

신고포상금

열하는 자는 대통령령으로 정하는 바에 따라 해당 농·수산물에 유전자변형 농수산물임을 표시하여야 한다.
② 제1항에 따른 유전자변형 농수산물의 표시대상품목, 표시기준 및 표시방법 등에 필요한 사항은 대통령령으로 정한다.
제57조(거짓표시 등의 금지) 제56조 제1항에 따라 유전자변형 농수산물의 표시를 하여야 하는 자(이하 "유전자변형농수산물 표시의무자"라 한다)는 다음 각 호의 행위를 하여서는 아니 된다.
  1. 유전자변형 농수산물의 표시를 거짓으로 하거나 이를 혼동하게 할 우려가 있는 표시를 하는 행위
  2. 유전자변형 농수산물의 표시를 혼동하게 할 목적으로 표시를 손상·변경하는 행위
  3. 유전자변형 농수산물의 표시를 한 농수산물에 다른 농수산물을 혼합하여 판매하거나 혼합하여 판매할 목적으로 보관 또는 진열하는 행위

제3절 「농수산물품질관리법 시행령」의 규정

제41조(포상금의 지급) ① 법 제112조에 따른 포상금은 법 제56조 또는 제57조를 위반한 자를 주무관청이나 수사기관에 신고 또는 고발하거나 검거한 사람 및 검거에 협조한 사람에게 200만 원의 범위에서 지급한다.
② 제1항에 따라 지급하는 포상금의 지급기준·방법 및 절차 등에 관하여는 식품의약품안전처장이 정하여 고시한다.
 * 식품의약품안전처의 홈페이지는 www.mfds.go.kr이다.

제22장
농수산물 · 가공품원료의 원산지표시위반

제1절 제도의 취지

「농수산물의 원산지표시에 관한 법률」은 소비자의 알권리와 선택권을 보장하기 위하여 만들어진 법률이다. 외국에서 들여온 농수산물이나 농수산물의 가공품을 국산으로 둔갑시켜서 판매하는 행위 등을 규제하면서 그와 관련한 신고자에게 포상금을 지급하는 것이 이 법의 골자이다.

제2절 법률의 규정

제12조(포상금) 농림축산식품부장관, 해양수산부장관 또는 시 · 도지사는 제5조 및 제6조를 위반한 자를 주무관청이나 수사기관에 신고하거나 고발한 자에 대하여 대통령령으로 정하는 바에 따라 예산의 범위에서 포상금을 지급할 수 있다.

제5조(원산지 표시) ① 대통령령으로 정하는 농수산물 또는 그 가공품을 생산 · 가공하여 출하하거나 판매(통신판매를 포함한다) 또는

신고포상금

판매할 목적으로 보관·진열하는 자는 다음 각 호에 대하여 원산지를 표시하여야 한다.

1. 농수산물
2. 농수산물 가공품의 원료

③ 식품접객업 및 집단급식소 중 대통령령으로 정하는 영업소나 집단급식소를 설치·운영하는 자는 대통령령으로 정하는 농수산물이나 그 가공품을 조리하여 판매·제공하는 경우(조리하여 판매 또는 제공할 목적으로 보관·진열하는 경우를 포함한다)에 그 농수산물이나 그 가공품의 원료에 대하여 원산지(쇠고기는 식육의 종류를 포함한다)를 표시하여야 한다.

④ 제1항이나 제3항에 따른 표시대상, 표시를 하여야 할 자, 표시기준은 대통령령으로 정하고, 표시방법과 그 밖의 필요한 사항은 농림축산식품부와 해양수산부의 공동 부령으로 정한다.

제6조(거짓표시 등의 금지) ① 누구든지 다음 각 호의 행위를 하여서는 아니된다.

1. 운산지표시를 거짓으로 하거나 이를 혼동하게 할 우려가 있는 표시를 하는 행위
2. 원산지표시를 혼동하게 할 목적으로 그 표시를 손상·변경하는 행위
3. 원산지를 위장하여 판매하거나, 원산지표시를 한 농수산물이나 그 가공품에 다른 농수산물이나 가공품을 혼합하여 판매하거나 판매할 목적으로 진열하는 행위

② 농수산물이나 가공품을 조리하여 판매·제공하는 자는 다음 각 호의 행위를 하여서는 아니 된다.

1. 원산지표시를 거짓으로 하거나 이를 혼동하게 할 우려가 있는 표시를 하는 행위
2. 원산지를 위조하여 조리·판매·제공하거나, 조리하여 판매·제공할 목적으로 농수산물이나 그 가공품의 원산지표시를 손상·변경하여 보관·진열하는 행위
3. 원산지표시를 한 농수산물이나 그 가공품에 원산지가 다른 동일 농수산물이나 그 가공품을 혼합하여 조리·판매·제공하는 행위

③ 제1항이나 제2항을 위반하여 원산지를 혼동할 우려가 있는 표시 및 위장판매의 범위 등 필요한 사항은 농림축산식품부와 해양수산부의 공동 부령으로 정한다.

④ 「유통산업발전법」 제2조 제3호에 따른 대규모점포를 개설한 자는 임대의 형태로 운영되는 점포의 임차인 등 운영자가 제1항 각 호 또는 제2항 각 호의 어느 하나에 해당하는 행위를 하도록 방치하여서는 아니 된다.

제13조(권한의 위임) 이 법에 따른 농림축산식품부장관, 해양수산부장관 또는 시·도지사의 권한은 그 일부를 대통령령으로 정하는 바에 따라 소속 기관의 장, 시장·군수·구청장(자치구의 구청장을 말한다)에게 위임할 수 있다.

제3절 「법 시행령」의 규정

제8조(포상금) ① 법 제12조에 따른 포상금은 **200만원의 범위**에서 지

신고포상금

급할 수 있다.

② 법 제12조에 따른 신고 또는 고발이 있은 후에 같은 위반행위에 대하여 같은 내용의 신고 또는 고발을 한 사람에게는 포상금을 지급하지 아니한다.

③ 제1항 및 제2항에서 규정한 사항 외에 포상금의 지급기준, 방법 및 절차 등에 관하여 필요한 사항은 농림축산식품부장관과 해양수산부장관이 공동으로 정하여 고시한다.

제9조(권한의 위임) ① 법 제13조에 따라 농림축산식품부장관은 농산물 및 그 가공품에 관한 다음 각 호의 권한을 국립농산물품질관리원장에게 위임하고, 해양수산부장관은 수산물 및 그 가공품에 관한 다음 각 호의 권한을 국립수산물품질관리원장에게 위임한다.

4. 법 제12조에 따른 포상금의 지급

③ 시·도지사는 법 제13조에 따라 다음 각 호의 권한을 시장·군수·구청장(자치구의 구청장을 말한다)에게 위임한다.

4. 법 제12조에 따른 포상금의 지급

* 국립농산물품질관리원(www.naqs.go.kr)에서 원산지관리(업무소개)에 관한 제 규정을 조회할 수 있고, 부정유통신고(전자민원)를 할 수 있다.

* 국립수산물품질관리원(www.nfqs.go.kr)에서 원산지표시(품질관리)에 관한 제 규정을 조회할 수 있고, 전자민원신청을 할 수 있다.

* 원산지의 표시방법 등에 관한 사항은 「농수산물의 원산지표시에 관한 법률 시행규칙」에서 규정하고 있다. 검색 요령은 ① 법제처 홈페이지(www.moleg.go.kr) → ② "국가법령" 클릭 → ③ 검색어에 "농수산물" 클릭

제23장 농지 불법 전용(轉用)

제1절 「농지법」의 규정

제52조(포상금) 농림축산식품부장관은 다음 각 호의 어느 하나에 해당하는 자를 주무관청이나 수사기관에 신고하거나 고발한 자에 대하여는 대통령령으로 정하는 바에 따라 포상금을 지급할 수 있다.
1. 제6조에 따른 농지의 소유제한이나 제7조에 따른 농지제한의 상한을 위반하여 농지를 소유할 목적으로 거짓이나 그 밖의 부정한 방법으로 제8조 제1항에 따른 농지취득자격증명을 발급받은 자
2. 제32조 제1항 또는 제2항을 위반한 자
   * 제32조는 농업진흥구역 안에서의 행위제한을 규정하고 있다.
3. 제34조 제1항에 따른 농지전용허가를 받지 아니하고 농지를 전용한 자 또는 거짓이나 그 밖의 부정한 방법으로 제34조 제1항에 따른 농지전용허가를 받은 자
4. 제35조 또는 제43조에 따른 신고를 하지 아니하고 농지를 전용한 자
5. 제36조 제1항에 따른 농지의 타용도일시사용허가를 받지 아니하고 농지를 다른 용도로 사용한 자

 신고포상금

6. 법 제40조 제1항을 위반하여 전용된 토지를 승인 없이 다른 목적으로 사용한 자

제2절 「농지법 시행령」의 규정

제72조(포상금의 지급) ① 법 제52조에 따른 포상금은 별표4의 포상금 지급기준에 따라 예산의 범위 안에서 이를 지급하여야 한다. 이 경우 포상금의 1명당 연간(1월 1일부터 12월 31일까지를 말한다) **지급 상한은 100만 원**으로 한다.

② 제1항에 따른 포상금은 법 제52조 각 호에 해당하는 자가 행정기관에 의하여 발각되기 전에 주무관청이나 수사기관에 고발 또는 신고한 자에 대하여 해당 고발 또는 신고사건에 대하여 검사가 공소제기·기소중지 및 기소유예의 결정을 한 경우에 한하여 지급한다.

③ 제1항에 따른 포상금을 2인 이상의 자가 함께 받게 되는 경우의 배분방법, 그 밖에 포상금의 지급방법 및 절차 등에 필요한 사항은 농림축산식품부령으로 정한다.

제3절 「농지법 시행규칙」의 규정

제62조(포상금의 지급) ① 시행령 제72조에 따라 포상금을 지급받으려는 자는 그 사건에 관하여 검사가 공소제기·기소중지 및 기소유

농림축산식품부

예의 결정을 한 후에 별지 제63호의 서식의 포상금지급신청서에 다음 각 호의 서류를 첨부하여 해당 농지 또는 토지의 소재지를 관할하는 시ㆍ도지사를 거쳐 농림축산식품부장관에게 제출하여야 한다.

1. 행정기관이나 사법기관의 신고ㆍ고발확인서
2. 포상금 배분에 관한 합의서(배분액에 관한 합의가 성립한 경우에 한한다)
3. 입금의뢰서(포상금의 계좌입금을 원하는 경우만 해당한다)

② 농림축산식품부장관은 제1항에 따른 신청이 있는 때에는 그 사건에 관한 검사의 처분내용을 조회한 후 포상금지급을 결정하고, 그 결정일부터 2월 이내에 해당연도의 농지관리기금운용계획의 범위 안에서 포상금을 지급할 수 있다.

③ 농림축산식품부장관은 하나의 사건에 대하여 신고 또는 고발한 자가 2인 이상인 경우에는 그 공로를 참작하여 시행령 제72조 제1항에 따라 산정한 포상금을 적절하게 분배하여 지급하여야 한다. 다만, 포상금을 지급받을 자가 배분방법에 관하여 미리 합의하여 포상금의 지급을 신청하는 경우에는 그 합의된 방법에 따라 지급한다.

 신고포상금

(별지 제63호 서식)

포상금지급신청서

접수번호		접수일		처리기간	14일
신청인	성명		주민등록번호		
	주소				
	전화번호				
고발 또는 신고한 범법행위의 내용					
범법행위의 유형					
범법행위 연월일					
범법행위 장소			관련농지의 면적		m²
사건처리결과					
포상금액					

「농지법」제52조, 같은 법 시행령 제72조 및 같은 법 시행규칙 제62조에 따라 위와 같이 포상금의 지급을 신청합니다.

년 월 일

신청인   (인)

농림축산식품부장관 귀하

〔경유기관(시·도지사)확인〕
위 기재사항이 상위 없음을 확인합니다.

년 월 일

시·도지사(인)

첨부서류 1. 행정기관이나 사법기관의 신고·고발확인서
          2. 포상금 배분에 관한 합의서(배분액에 관한 합의가 성립된 경우만 해당합니다)
          3. 입금의뢰서(포상금의 계좌입금을 원하는 경우만 해당합니다)

제24장 식물검역의무 위반행위

제1절 제도의 이해

「식물방역법」은 수출·입식물 및 국내 식물의 검역(檢疫) 및 병충해 방제 등을 통하여 자연환경보전을 목적으로 하는 법률이다. 이 법은 식물검역대상물품의 검역, 수출검역 및 수입검역에 관한 의무위반행위를 신고하는 사람에게 포상금을 지급하는 규정을 마련하였다.

제2절 「식물방역법」의 규정

제43조(포상금) 농림축산식품부장관은 제12조 제1항부터 제4항까지, 같은 조 제6항·제7항, 제13조, 제28조 제1항 또는 제30조에 따른 검역 또는 검사를 받지 아니하거나 거짓이나 그 밖의 부정한 방법으로 검역 또는 검사를 받은 자 등을 식물검역기관 또는 수사기관에 신고하거나 고발한 자와 외국에서 유입된 중요한 병해충의 발생사실을 농촌진흥청장, 시·도지사 또는 식물검역기관의 장에게 신고한 자에게 대통령령으로 정하는 바에 따라 포상금을 지급할 수 있다.

신고포상금

제12조(식물검역대상물품의 검역 등) ① 식물검역대상물품을 수입하는 자는 처음으로 도착한 수입항에서 지체 없이 식물검역기관의 장에게 신고하고 식물검역관의 검역을 받아야 한다. 다만, 제4항 및 제6항에 따라 검역을 받은 경우에는 그러하지 아니하다.

④ 식물검역관은 수입되는 식물검역대상물품에 규제병해충이 있다고 의심되고, 그 규제병해충이 퍼질 우려가 있다고 인정하면 통관에 앞서 선박·차량 또는 항공기 안에 들어가서 그 식물검역대상물품을 검사할 수 있다.

⑤ 통관절차에 관한 업무를 집행하는 우체국장은 식물검역대상물품이 담겨있거나 담겨져 있다고 의심되는 우편물을 접수하면 지체 없이 식물검역기관의 장에게 알려야 한다.

⑥ 식물검역관은 제5항에 따른 우체국장의 통지를 받으면 해당 우편물을 검역하여야 한다.

⑦ 제6항에 따른 검역을 받지 아니한 식물검역대상물품이 담겨져 있는 우편물을 받은 자는 그 우편물을 첨부하여 지체 없이 그 사실을 식물검역기관의 장에게 신고하고 식물검역관의 검사를 받아야 한다.

제13조(격리재배검역) ① 식물검역관은 씨앗·묘목·구근(球根) 등 농림축산식품부령으로 정하는 재식용 또는 번식용 식물에 대하여 제12조에 따라 검역을 한 결과 규제병해충의 유무를 판정하기 곤란하다고 인정되면 그 소유자나 대리인에게 격리재배를 명하여 그 재배지에서 검역하거나 그 식물의 전부 또는 일부를 식물검역기관에서 격리재배하여 검역할 수 있다.

② 제1항에 따른 격리재배의 검역방법·절차 등 필요한 사항은

농림축산식품부령으로 정한다.

제28조(식물 등에 대한 수출검역) ① 식물 등을 수출하려는 자는 그 식물 등이 수입국의 요구사항을 충족하는지에 관하여 식물검역관에게 검역을 받아야 하며, 그 검역에서 합격하지 못하면 수출하지 못한다. 다만, 수입국이 식물검역증명서를 요구하지 아니하는 식물 등에 대하여는 그러하지 아니하다.

제30조(국내검역) 농림축산식품부장관은 처음으로 국내에 유입되었거나 이미 국내의 일부 지역에 발생되어 있는 병해충이 퍼지는 것을 막기 위하여 필요하면 식물 등에 대하여 검역을 하고, 그 식물 등의 소유자나 대리인에게 소독·폐기 등을 명하거나 이동제한 등 필요한 조치를 명할 수 있다. 이 경우 검역의 대상식물, 대상지역 및 방법 등은 농림축산식품부장관이 정하여 고시한다.

제3절 「식품방역법 시행령」의 규정

제5조(포상금의 지급) ① 농림축산식품부장관은 법 제43조에 따라 신고하거나 고발한 사람에게 예산의 범위에서 **100만 원 이하**의 포상금을 지급한다. ② 포상금 지급의 기준·방법 및 절차 등에 관하여는 농림축산식품부장관이 정하여 고시한다.

　* 장관의 고시 내용은 농림축산식품부 홈페이지(www.mafra.go.kr)에서 검색이 가능하다.

제25장 농협조합장·중앙회장 선거부정행위

제1절 「농업협동조합법」의 규정

제176조(선거범죄신고자에 대한 포상금의 지급) ① 조합 또는 중앙회는 제172조에 따른 죄(제174조 제4항의 과태료에 해당하는 죄를 포함한다)에 대하여 그 조합중앙회 또는 조합선거관리위원회(구·시·군선거관리위원회 및 중앙선거관리위원회를 포함한다)가 인지(認知)하기 전에 그 범죄행위를 신고한 자에게 포상금을 지급할 수 있다.

② 제1항에 따른 포상금의 상한액·지급기준 및 포상방법은 농림축산식품부령으로 정한다.

제172조(벌칙) ① 다음 각 호의 어느 하나에 해당하는 자는 2년 이하의 징역 또는 2천만 원 이하의 벌금에 처한다.

1. 제7조 제2항을 위반하여 공직선거에 관여한 자
2. 제50조 제1항 또는 제11항(제107조·제112조 또는 제161조에 따라 준용되는 경우를 포함 한다)을 위반하여 선거운동을 한 자
3. 제50조의2(제107조·제112조 또는 제161조에 따라 준용되는 경우를 포함한다)를 위반한 자
4. 제50조의3(제107조·제112조 또는 제161조에 따라 준용되는 경우를

농림축산식품부

포함한다)을 위반하여 축의(祝儀)·부의(賻儀)금품을 제공한 자
② 다음 각 호의 어느 하나에 해당하는 자는 1년 이하의 징역 또는 1천만 원 이하의 벌금에 처한다.

1. 제50조 제2항(제107조·제112조 또는 제161조에 따라 준용되는 경우를 포함한다)을 위반하여 호별(戶別) 방문을 하거나 특정 장소에 모이게 한 자
2. 제50조 제4항·제6항(제107조·제112조에 따라 준용되는 경우를 포함한다) 또는 제130조 제11항을 위반하여 선거운동을 한 자
3. 제50조 제7항부터 제10항까지(제107조·제112조 또는 제161조에 따라 준용되는 경우를 포함한다)를 위반한 자
4. 제51조 제6항(제107조 또는 제112조에 따라 준용되는 경우를 포함한다) 및 제130조 제10항에 따라 준용되는 「공직선거법」 제272조의2 제3항을 위반하여 출입을 방해하거나 자료제출의 요구에 응하지 아니한 자 또는 거짓자료를 제출한 자

③ 제50조 제3항(제107조·제112조 또는 제161조에 따라 준용되는 경우를 포함한다)을 위반하여 거짓사실을 공표하거나 후보자를 비방한 자는 500만 원 이상 3천만 원 이하의 벌금에 처한다.
④ 제1항부터 제3항까지의 규정에 따른 죄의 공소시효는 해당 선거일 후 6개월(선거일 후에 이루어진 범죄는 그 행위를 한 날부터 6개월)을 경과함으로써 완성된다. 다만, 범인이 도피하거나 범인이 공범 또는 증명에 필요한 참고인을 도피시킨 경우에는 그 기간을 3년으로 한다.

제174조(과태료) ④ 제50조의2 제1항 및 제5항(제107조·제112조 또는 제161조에 따라 준용되는 경우를 포함한다)을 위반하여 금전·물품,

신고포상금

그 밖의 재산상의 이익을 제공받은 자에게는 그 제공받은 금액이나 가액(價額)의 10배 이상 50배 이하에 상당하는 금액의 과태료를 부과하되, 그 상한액은 3천만 원으로 한다.

제2절 「농업협동조합법 시행규칙」의 규정

제11조(신고포상금의 상한액ㆍ지급기준 및 포상방법) ① 법 제176조에 따른 선거범죄신고자에 대한 포상금의 상한액은 다음 각 호의 구분에 따른다. 이 경우 포상금 비용은 해당 조합 및 중앙회가 각각 부담하되, 중앙회는 조합이 부담해야 하는 포상금 비용의 일부를 지원할 수 있다.

1. 조합장선거의 경우 : 해당 선거와 관련하여 지급할 수 있는 **포상금의 총액은 3천만 원**으로 하되, 1건당 지급할 수 있는 포상금의 상한액은 1천만 원으로 한다.

2. 중앙회장선거의 경우 : 해당 선거와 관련하여 지급할 수 있는 **포상금의 총액은 5천만 원**으로 하되, 1건당 지급할 수 있는 포상금의 상한액은 1천만 원으로 한다.

② 포상금의 지급기준, 포상방법, 포상금심사위원회의 설치ㆍ운영, 포상금의 반환 등에 관하여는 해당 선거의 성질에 반하지 아니하는 범위에서 「공직선거관리규칙」 제143조의4부터 제143조의9까지의 규정을 준용한다.

제26장
수산업협동조합장 · 중앙회장 선거부정행위

    조합은 제178조에 규정된 죄(제180조 제3항의 과태료에 해당하는 죄를 포함한다)에 대하여 해당 조합 또는 조합선거관리위원회가 인지하기 전에 그 범죄행위를 신고한 사람에게 정관으로 정하는 바에 따라 포상금을 지급할 수 있다(「수산업협동조합법」 제182조).

* 「수산업협동조합법」의 검색은 ① 법제처 → ② 국가법령 → 검색어 "수산업"으로 가능하다.
* 수협중앙회의 정관은 홈페이지(www.suhyup.co.kr)에서 확인할 수 있다.

제27장 경마 관련 부정행위

제1절 「한국마사회법」의 규정

제49조의2(포상금의 지급) 마사회장은 제50조·제51조·제53조·제54조 및 제59조 제3호에 따른 벌칙에 해당하는 행위를 한 자를 주무관청, 마사회 또는 수사기관에 신고하거나 고발한 자에게는 농림축산식품부령이 정하는 바에 따라 포상금을 지급할 수 있다.

제50조(벌칙) 다음 각 호의 어느 하나에 해당하는 자는 5년 이하의 징역 또는 5천만 원 이하의 벌금에 처한다.

1. 제48조를 위반한 자
2. 마사회가 시행하는 경주를 이용하여 도박을 하거나 이를 방조한 자
3. 제49조 제2항 각 호(같은 항 제4호는 제외한다)에 해당하는 자로서 제2호에 따른 행위의 상대가 된 자

제48조(유사행위의 금지) ① 마사회가 아닌 자는 경마를 시행할 수 없다.

② 마사회가 아닌 자는 다음 각 호에 해당하는 행위를 하여서는 아니 된다.

1. 마사회가 시행하는 경주에 관하여 승마투표와 유사한 행위를

농림축산식품부

하게 하여 적중자에게 재물 또는 재산상의 이익을 지급하는 행위

2. 마사회가 인터넷 홈페이지를 통하여 제공하는 경주의 배당률, 경주의 화면 및 음성, 컴퓨터프로그램저작물(경마정보에 관한 전자문서를 포함한다) 등을 마사회의 사전 동의 없이 복제·개작 또는 전송하는 행위

③ 누구든지 다음 각 호의 어느 하나에 해당하는 행위를 하여서는 아니 된다.

1. 영리 목적으로 마권구매를 대행 또는 알선하거나 마권을 양도하는 행위
2. 외국에서 개최되는 말의 경주에 전자적 방법으로 국내에서 승마투표행위 또는 그와 유사한 행위를 하게 하는 행위

제51조(벌칙) 다음 각 호의 어느 하나에 해당하는 자는 5년 이하의 징역 또는 3천만 원 이하의 벌금에 처한다.

1. 출주할 말의 경주능력을 일시적으로 높이거나 줄이는 약물, 약제, 그 밖의 물질을 사용한 자
2. 경마에 관하여 재물 또는 재산상의 이익을 얻거나 타인으로 하여금 얻게 할 목적으로 경주에서 말의 전능력(全能力)을 발휘시키지 아니한 기수

제53조(벌칙) ① 조교사·기수 및 마필관리사가 그 업무와 관련하여 부정한 청탁을 받고 재물 또는 재산상의 이익을 수수·요구 또는 약속한 경우에는 5년 이하의 징역 또는 3천만 원 이하의 벌금에 처한다.

② 조교사·기수 또는 마필관리사가 제1항의 죄를 범하여 부정

신고포상금

한 행위를 한 경우에는 7년 이하의 징역 또는 7천만 원 이하의 벌금에 처한다.

제54조(벌칙) 조교사·기수 및 마필관리사가 그 업무와 관련하여 부정한 청탁을 받고 제3자에게 재물 또는 재산상의 이익을 공여하게 하거나 공여를 요구 또는 약속한 경우에는 5년 이하의 징역 또는 3천만 원 이하의 벌금에 처한다.

제59조(벌칙) 다음 각 호의 어느 하나에 해당하는 자는 1년 이하의 징역 또는 1천만 원 이하의 벌금에 처한다.

3. 제48조 제2항 제1호 또는 제3항에 따른 행위의 상대가 된 자

제2절 「한국마사회법 시행규칙」의 규정

제12조(포상금의 지급기준) ① 법 제49조의2에 따른 포상금은 다음 각 호의 기준에 따라 지급한다.

1. 법 제50조 및 제59조 제3호에 해당하는 자를 신고하거나 고발한 경우 : **최대 1억 원**

2. 법 제51조·제53조 및 제54조에 해당하는 자를 신고하거나 고발한 경우 : **최대 7천만 원**(단, 조교사·기수 또는 마필관리사가 신고하거나 고발한 경우에는 최대 1억 원)

② 제1항에 따른 위반사항별 포상금 지급금액, 지급방법 및 지급절차 등에 관한 세부적인 사항은 마사회가 정한다.

* 포상금의 지급금액·방법·절차 등의 세부절차는 한국마사회 홈페이지(www.kra.co.kr)에서 검색이 가능하다.

제28장 쌀소득보전지불금 부당수령행위

제1절 제도의 이해

「쌀소득 등의 보전에 관한 법률」은 논농업에 종사하는 농민들에게 일정한 소득을 보장해주는 것을 목적으로 하는 법률이다. 정부는 이를 위하여 쌀소득보전변동직접지불기금을 설치하여 운영하고 있다. 이 기금은 쌀의 생산량 및 가격의 변동과 직접 관계없이 농업인에게 일정한 소득을 보장하는 것을 사명으로 한다. 이 법은 이러한 기금을 부정한 방법으로 받아내는 사람을 신고하도록 권장하고 포상한다.

제2절 「쌀소득 등의 보전에 관한 법률」의 규정

제28조(신고포상금의 지급) 농림축산식품부장관은 논농업에 종사하지 아니하면서 쌀소득등보 전직접지불금을 수령한 자를 주무관청이나 관계 행정기관에 신고한 자에게 대통령령으로 정하는 바에 따라 예산의 범위에서 포상금을 지급할 수 있다.

신고포상금

제3절 「법 시행령」의 규정

제19조(포상금의 지급) ① 법 제28조에 따라 논농업에 종사하지 아니하면서 쌀소득등보전직접지불금을 수령한 자를 신고한 사람에 대한 포상금은 **건당 10만 원**으로 한다. 다만, 다음 각 호의 어느 하나에 해당하는 사람에게는 지급하지 아니한다.
1. 신고대상자의 쌀소득등보전직접지불금 지급대상 농지에서 논농업에 종사한 사람
2. 이미 신고된 자(논농업에 종사하지 아니하면서 쌀소득등보전직접지불금을 수령한 자만 해당한다)를 신고한 사람
3. 쌀소득등보전직접지불금 지급대상자 등록 및 관리 등 관련 업무에 종사하는 사람
4. 그 밖에 포상금을 지급하지 아니하는 것이 타당하다고 농림축산식품부장관이 인정하는 사람

② 제1항에 따라 한 사람이 지급받을 수 있는 포상금의 한도는 신고일을 기준으로 연간(1월 1일부터 12월 31일까지를 말한다) 100만 원으로 한다.

③ 포상금은 해당 연도의 고정직접지불금을 지급한 다음 해의 12월 31일까지 신고한 경우에만 지급한다.

④ 제1항부터 제3항까지에서 규정한 사항 외에 지급방법 및 절차 등에 관하여 필요한 사항은 농림축산식품부장관이 정한다.

* 농림축산식품부장관이 정하여 고시하는 포상금의 지급방법 및 절차 등은 농림축산식품부 홈페이지(www.mafra.go.kr)에서 확인할 수 있다.

제29장 양곡의 부정유통행위

제1절 「양곡관리법」의 규정

제27조의3(포상금 지급) 농림축산식품부장관은 다음 각 호의 어느 하나에 해당하는 자를 관계 행정기관이나 수사기관에 신고 또는 고발을 한 자에게 대통령령으로 정하는 바에 의하여 포상금을 지급할 수 있다.

  1. 제9조 제4항에 따라 농림축산식품부장관이 지정한 용도 외의 용도로 양곡을 사용·처분한 자

  ☆ 양곡 : 양곡이란 미곡(米穀)·맥류(麥類)·곡류(穀類)·서류(薯類)와 이들을 원료로 한 분쇄물·가루·전분류를 말한다.

  2. 제20조의2 제1항에 따른 생산연도·품질 등의 표시의무를 위반한 자

  3. 제20조의3 제1항을 위반하여 거짓·과대의 표시 또는 거짓·과대의 광고를 한 자

제9조(정부관리양곡의 판매) ④ 농림축산식품부장관은 정부관리양곡을 용도에 따라 매입할 수 있는 자의 시설 등 자격기준을 정할 수 있고, 양곡의 용도를 지정하여 판매할 수 있으며, 지정된 용도 외의 사용·처분을 제한할 수 있다.

 신고포상금

제20조의2(생산연도 · 품질 등의 표시) ① 양곡가공업자나 양곡매매업자가 양곡을 판매하려면 그 양곡의 생산연도 · 품질 등을 농림축산식품부령으로 정하는 포장용기 등에 표시하여야 한다.

제20조의3(거짓표시 등의 금지) ① 양곡가공업자나 양곡매매업자는 양곡의 생산연도 · 품질 등에 관하여 다음 각 호의 어느 하나에 해당하는 표시 또는 광고를 하여서는 아니 된다.
1. 사실과 다르거나 과장된 표시 · 광고
2. 소비자를 기만하거나 오인 · 혼동시킬 우려가 있는 표시 · 광고

제2절 「양곡관리법 시행령」의 규정

제32조의2(포상금의 지급) ① 법 제27조의3에 따른 포상금은 같은 조 각 호의 어느 하나에 해당하는 위반사항을 관계 행정기관이나 수사기관에 신고 또는 고발한 자에게 **100만 원의 범위**에서 지급한다.

② 제1항에 따른 포상금 지급의 기준, 방법 및 절차 등은 농림축산식품부장관이 정하여 고시한다.

문화재청

제30장 문화재보호규정 위반행위

제1절 「문화재보호법」의 규정

제86조(포상금) ① 문화재청장은 제90조부터 제92조까지와 「매장문화재 보호 및 조사에 관한 법률」 제31조의 죄를 범한 자나 그 미수범이 기소유예처분을 받거나 유죄판결이 확정된 경우 그 자를 수사기관에 제보한 자와 체포에 공로가 있는 자에게 예산의 범위에서 포상금을 지급하여야 한다.

② 수사기관의 범위, 제보의 처리, 포상금의 지급기준 등 포상금 지급에 필요한 사항은 대통령령으로 정한다.

* 제90조는 무허가수출 등의 죄를, 제91조는 문화재의 허위지정 등 유도의 죄를, 제92조는 문화재를 손상 또는 은닉하는 등의 죄를 각 규정하고 있다.

* 「매장문화재 보호 및 조사에 관한 법률」 제31조는 문화재 도굴(盜掘) 등의 죄를 규정하고 있다.

신고포상금

제2절 「문화재보호법 시행령」의 규정

제45조(포상금의 지급) ① 법 제86조에 따른 포상금 지급기준은 다음과 같다.

1등급 : 2000만 원

2등급 : 1500만 원

3등급 : 1000만 원

4등급 : 500만 원

5등급 : 200만 원

② 제1항에 따른 포상금의 지급등급기준은 문화체육관광부령으로 정한다.

제46조(포상금의 배분) ① 포상금은 제45조에 따라 사건별로 결정된 포상금 총액의 100분의 50을 제보자에게 지급하고, 100분의50을 범인 체포에 공로가 있는 사람에게 지급한다.

② 제1항의 경우에 제보자가 2명 이상이거나 범인 체포에 공로가 있는 사람이 2명 이상인 경우에는 그 공로의 비중을 고려하여 문화재청장이 그 배분액을 결정한다. 다만, 포상금을 받을 사람이 배분액에 관하여 상호간에 미리 합의한 경우에는 그 합의된 금액 또는 비율에 따라 배분할 수 있다.

제3절 「문화재보호법 시행규칙」의 규정

제60조(포상금의 지급등급기준) 시행령 제45조 제2항에 따른 포상금의

지급등급기준은 별표6과 같다.

제61조(포상금의 청구) ① 문화재청장은 법 제90조부터 제92조까지 또는 「매장문화재 보호 및 조사에 관한 법률」 제31조의 죄를 범한 자나 그 미수범이 기소유예처분을 받거나 유죄판결이 확정된 경우 그 자를 수사기관에 제보한 자와 체포에 공로가 있는 자에게 포상금 신청절차와 지급기준 등을 알려야 한다.

② 법 제86조 제1항에 따른 포상금을 받으려는 사람은 별지 제90호 서식의 포상금청구서(전자문서로 된 청구서를 포함한다)를 문화재청장에게 제출하여야 한다.

③ 제2항에 따라 포상금을 청구하려는 사람이 2명 이상이면 연명(連名)으로 하여야 한다. 이 경우 시행령 제46조 제2항 단서에 따라 포상금의 배분액을 미리 합의한 경우에는 그 합의된 사항을 적은 서류를 포상금청구서에 첨부하여야 한다.

 신고포상금

(별지 제90호 서식)

문화재사법 제보 · 체포공로자 포상금청구서

접수번호		접수일	처리기간 : 25일
청구인	성명	생년월일	
	주소·전화번호		
청구원인	사건명		
	공적내용		

「문화재보호법 시행규칙」제61조 제2항에 따른 포상금을 위와 같이 청구합니다.

년   월   일

청구인   (인)

문화재청장 귀하

제31장 매장문화재의 신고 등

제1절 「매장문화재 보호 및 조사에 관한 법률」의 규정

제21조(발견신고된 문화재의 보상금과 포상금) ① 문화재청장은 제20조에 따라 해당 문화재를 국가에 귀속하는 경우 그 문화재의 발견자, 습득자 및 발견된 토지나 건조물 등의 소유자에게 「유실물법」 제13조에 따라 보상금을 지급한다. 이 경우 발견자나 습득자가 토지 또는 건조물 등의 소유자와 동일인이 아니면 보상금을 균등하게 분할하여 지급한다. 다만, 발견하거나 습득할 때 경비를 지출한 경우에는 대통령령으로 정하는 바에 따라 그 지급액에 차등을 둘 수 있다.

② 제17조에 따라 매장문화재가 발견신고된 장소〔발견신고가 원인이 되어 발굴하게 된 지역이나 그 곳과 유구(遺構)가 연결된 지역을 포함한다〕에서 제11조 제1항 또는 제13조 제1항에 따라 발굴된 매장문화재는 제1항에 따른 보상금지급의 대상이 되는 발견으로 보지 아니한다.

☆ 유구 : 유구란 옛날 토목·건축의 구조나 양식 등을 알 수 있는 실마리를 말한다.

 신고포상금

③ 문화재청장은 제1항에 따른 발견자로서 발굴의 원인을 제공한 자에게는 발굴된 문화재의 가치와 규모를 고려하여 대통령령으로 정하는 바에 따라 포상금을 지급할 수 있다.
④ 제1항에 따른 보상금이나 제3항에 다른 포상금을 지급하는 경우 문화재청장은「문화재보호법」제8조에 따른 문화재보호위원회의 심의를 거쳐 그 지급액을 결정할 수 있으며, 보상금 또는 포상금의 지급절차나 지급에 관하여 필요한 사항은 대통령령으로 정한다.

제2절「법 시행령」의 규정

제23조(발견신고된 문화재의 보상금 등) ① 문화재청장은 제21조 제1항 후단 및 단서에 따라 보상금을 분할하여 지급하는 경우에는 발견자나 습득자에게 발견 또는 습득할 때 지출한 경비를 보상금 중에서 우선 지급하고, 그 차액을 발견자나 습득자와 그 문화재가 발견된 토지 또는 건조물 등의 소유자에게 균등하게 분할하여 지급한다.
② 법 제21조 제3항에 따른 포상금의 지급기준은 별표3과 같다.
제24조(보상금 등의 지급절차) ① 문화재청장은 법 제21조 제1항·제3항에 따라 보상금 또는 포상금 지급액을 결정하면 이를 보상금 또는 포상금 지급대상자에게 통보하여야 한다.
③ 제2항에 따른 보상금 또는 포상금을 청구하려는 자가 2명 이상이면 연명(連名)으로 하여야 한다. 이 경우 보상금 또는 포상금

지급액의 배분액을 미리 합의한 경우에는 그 합의된 사항을 적은 서류를 청구서에 첨부하여야 한다.

(별표3) 포상금의 지급기준

등 급	포상금의 지급대상	포상금
1등급	법 제21조 제3항에 따라 발굴된 문화재의 평가액이 1억 원 이상인 경우	2천만 원 + (문화재의 평가액 − 1억 원) × 100분의5
2등급	법 제21조 제3항에 다라 발굴된 문화재의 평가액이 7천만 원 이상인 경우	1,500만 원
3등급	법 제21조 제3항에 따라 발굴된 문화재의 평가액이 4천만 원 이상인 경우	1,000만 원
4등급	법 제21조 제3항에 따라 발굴된 문화재의 평가액이 1천500만 원 이상인 경우	500만 원
5등급	법 제21조 제3항에 따라 발굴된 문화재의 평가액이 500만 원 이상인 경우	200만 원

비고 : 1등급 포상금은 1억 원을 초과할 수 없다.

문화체육관광부

제32장
게임물 이용 도박, 게임물 유통질서위반

제1절 「게임산업진흥에 관한 법률」의 규정

제39조의2(포상금) ① 정부는 다음 각 호의 어느 하나에 해당하는 자를 관계 행정기관 또는 수사기관에 신고 또는 고발하거나 검거한 자에 대하여 예산의 범위 안에서 포상금을 지급할 수 있다.

1. 제28조 제2호의 규정을 위반하여 도박 그 밖의 **사행행위**를 하게 하거나 이를 하도록 방치한 자

☆ 사행행위 : 종류·방법 또는 명목에 관계없이 타인으로부터 금품을 모아 우연한 결과에 의해 특정인에게 재산상의 이익을 제공하는 한편 다른 사람에게는 손해를 미치게 하는 행위를 말한다.

2. 제28조 제3호의 규정을 위반하여 사행성을 조장한 자
3. 제32조의 규정에 따른 불법게임물 등의 유통금지의무 등을 위반한 자
4. 제34조 제1항 각 호의 어느 하나의 행위를 한 자

② 제1항의 규정에 따른 포상금 지급의 기준·방법 및 절차 등에 관하여 필요한 사항은 대통령령으로 정한다.

신고포상금

제28조(게임물관련사업자의 준수사항) 게임물 관련사업자는 다음 각 호의 사항을 지켜야 한다.

2. 게임물을 이용하여 도박 그 밖의 사행행위를 하게 하거나 이를 하도록 내버려두지 아니할 것

3. 경품 등을 제공하여 사행성을 조장하지 아니할 것. 다만, 청소년게임제공업의 전체이용가 게임물에 대하여 대통령령이 정하는 경품의 종류(완구류 및 문구류 등. 다만, 현금, 상품권 및 유가증권은 제외한다)·지급기준·제공방법 등에 의한 경우에는 그러하지 아니하다.

제32조(불법게임 등의 유통금지 등) ① 누구든지 게임물의 유통질서를 저해하는 다음 각 호의 행위를 하여서는 아니 된다. 다만, 제4호의 경우「사행행위 등 규제 및 처벌특례법」에 따라 사행행위영업을 하는 자를 제외한다.

1. 제21조 제1항의 규정에 의하여 **등급**을 받지 아니한 게임물을 유통 또는 이용에 제공하거나 이를 위하여 진열·보관하는 행위

☆ 등급분류 : 게임물을 제작 또는 배급하려고 하는 자는 미리 게임물관리위원회로부터 등급분류를 받아야 한다. 등급은 전체이용가, 12세이용가, 15세이용가 및 청소년이용불가로 구분된다.

2. 제21조 제1항의 규정에 의하여 등급을 받은 내용과 다른 내용의 게임물을 유통 또는 이용에 제공하거나 이를 위하여 진열·보관하는 행위

3. 등급을 받은 게임물을 제21조 제2항 각 호의 등급구분을 위

반하여 이용에 제공하는 행위

4. 제22조 제2항의 규정에 따라 사행성게임물에 해당되어 등급분류가 거부된 게임물을 유통시키거나 이용에 제공하는 행위 또는 유통·이용·제공의 목적으로 진열·보관하는 행위

5. 제22조 제3항 제1호의 규정에 의한 등급분류필증을 매매·증여 또는 대여하는 행위

6. 제33조 제1항 또는 제2항의 규정을 위반하여 등급 및 게임물내용정보 등의 표시사항을 표시하지 아니한 게임물 또는 게임물의 운영에 관한 정보를 표시하는 절차를 부착하지 아니한 게임물을 유통시키거나 이용에 제공하는 행위

7. 누구든지 게임물의 이용을 통하여 획득한 유·무형의 결과물(점수, 경품, 게임 내에서 사용되는 가상의 화폐로서 대통령령이 정하는 이와 유사한 것을 말한다)을 환전 또는 환전을 알선하거나 재매입을 업으로 하는 행위

8 게임물의 정상적인 운영을 방해할 목적으로 게임물 관련사업자가 제공 또는 승인하지 아니한 컴퓨터프로그램이나 기기 또는 장치를 배포하거나 배포할 목적으로 제작하는 행위

② 누구든지 다음 각 호에 해당하는 게임물을 제작 또는 반입하여서는 아니 된다.

1. 반국가적인 행동을 묘사하거나 역사적 사실을 왜곡함으로써 국가의 정체성을 현저히 손상시킬 우려가 있는 것

2. 존·비속에 대한 폭행·살인 등 가족윤리의 훼손 등으로 미풍양속을 해할 우려가 있는 것

신고포상금

3. 범죄·폭력·음란 등을 지나치게 묘사하여 범죄심리 또는 모방심리를 부추기는 등 사회질서를 문란하게 할 우려가 있는 것

제34조(광고·선전의 제한) ① 누구든지 다음 각 호의 행위를 하여서는 아니 된다.
1. 등급을 받은 게임물의 내용과 다른 내용의 광고를 하거나 그 선전물을 배포·게시하는 행위
2. 등급분류를 받은 게임물의 등급과 다른 등급을 표시한 광고·선전물을 배포·게시하는 행위
3. 게임물내용정보를 다르게 표시하여 광고하거나 그 선전물을 배포·게시하는 행위
4. 게임물에 대하여 내용정보 외에 경품제공 등 사행심을 조장하는 내용을 광고하거나 선전물을 배포·게시하는 행위
② 게임제공업, 인터넷컴퓨터게임시설제공업 또는 복합유통게임제공업을 하는 자는 사행행위와 도박이 이루어지는 장소로 오인할 수 있는 광고물로서 대통령령이 정하는 광고물을 설치 또는 게시하여서는 아니 된다.

제2절 「게임산업진흥에 관한 법률 시행령」의 규정

제22조의2(포상금) 법 제39조의2 제2항에 따른 포상금의 지급기준은 다음 각 호와 같다.
1. 법 제32조에 따른 불법게임물 등의 유통금지의무 등을 위반한

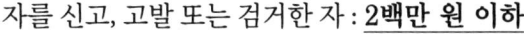
문화체육관광부

자를 신고, 고발 또는 검거한 자 : **2백만 원 이하**
2. 법 제28조 제2호를 위반하여 도박 그 밖의 사행행위를 하게 하거나 이를 하도록 방치한 자 및 법 제28조 제3호를 위반하여 사행성을 조장한 자를 신고, 고발 또는 검거한 자 : **1백만 원 이하**
3. 법 제34조 제1항 각 호의 어느 하나의 행위를 한 자를 신고, 고발 또는 검거한 자 : **50만 원 이하**

제33장 간행물의 유통질서 왜곡행위

제1절 「출판문화산업진흥법」의 규정

제25조의2(포상금) ① 문화체육관광부장관은 제23조 제1항 제1호의 행위를 한 자를 관계 행정기관 또는 수사기관에 신고하거나 고발한 자에 대하여 예산의 범위에서 포상금을 지급할 수 있다.

② 제1항에 따른 포상금 지급의 기준·방법 및 절차 등에 필요한 사항은 대통령령으로 정한다.

제23조(간행물의 유통질서) ① 간행물의 유통질서를 유지하기 위하여 간행물의 저자, 출판 및 유통에 관련된 자로서 다음 각 호에 해당하는 자는 다음 각 호의 행위를 하여서는 아니 된다.

1. 간행물의 저자 또는 출판사의 대표자나 대리인, 사용인, 그 밖의 종업원이 간행물의 판매량을 올릴 목적으로 그 간행물을 부당하게 구입하거나 그 간행물의 저자 또는 그 출판사와 관련된 자에게 그 간행물을 부당하게 구입하게 하는 행위

제2절 「법 시행령」의 규정

2014. 7. 현재 이 부분 시행령은 아직 시행되지 않고 있으나, 포상금

액 최다액을 200만 원으로 하여 조만간 시행될 예정으로 알려졌다. 신고의 대상인 위법행위는 이른바 베스트셀러로 만들기 위해서 책을 사재기하는 행위이다.

법무부

제34장 마약류관리에 관한 법률 위반행위

제1절 제도의 이해

「마약류관리에 관한 법률」은 마약·향정신성의약품(向精神性醫藥品)·대마(大麻)와 그 원료물질에 관한 사용 등을 규제하는 법률이다. 이 법에서 말하는 "마약류"는 "마약·향정신성의약품·대마"를 말한다. 이 법은 이 법을 위반하는 모든 행위를 그 신고 및 포상금의 지급대상으로 하고 있다. 그 대상이 매우 다양하므로 여기에서는 중요한 것만을 선별하여 소개한다. 따라서 법률의 검색을 통하여 충분히 숙지할 필요가 있을 것이다.

이 법에 의하여 규제의 대상이 되는 마약류 중 일반인들에게 알려진 것으로는 양귀비, 아편, 대마, 필로폰, 프로포플 등이 있다.

제2절 「마약류관리에 관한 법률」의 규정

제54조(보상금) 이 법이나 그 밖의 법령에서 규정하는 마약류에 관한 범죄가 발각되기 전에 그 범죄를 수사기관에 신고 또는 고발하거나 검거한 사람에게는 대통령령으로 정하는 바에 따라 보상금을

 신고포상금

지급한다.

제58조(벌칙) ① 다음 각 호의 어느 하나에 해당하는 자는 무기 또는 5년 이상의 징역에 처한다.

1. 제3조(제5조의2 제5항에서 준용하는 경우를 포함한다. 이하 이 조부터 제61조까지의 규정에서 같다) 제2호·제3호, 제4조 제1항, 제5조의2 제4항(임시마약류의 경우 또는 제5조의2 제4항 제2호에 해당하는 자는 제외한다. 이하 이 장에서 같다), 제18조 제1항 또는 제21조 제1항을 위반하여 마약이나 **임시마약**을 수출입·제조·매매하거나 매매를 알선한 자 또는 그러할 목적으로 소지·소유한 자

☆ 임시마약 : 마약류가 아닌 물질·약물·제제·제품 중에서 오용이나 남용으로 인한 보건상의 위해가 우려되어 긴급하게 마약류에 준하여 취급·관리할 필요가 있다고 인정하는 물질을 식품의약품안전처장이 지정하는 것을 말한다.

2. 제3조 제4호를 위반하여 마약 또는 향정신성의약품을 제조할 목적으로 그 원료가 되는 물질을 제조·수출입하거나 그러할 목적으로 소지·소유한 자

3. 제3조 제5호를 위반하여 제2조 제3호 가목에 해당하는 향정신성의약품 또는 그 물질을 함유하는 향정신성의약품을 제조·수출입·매매·매매의 알선 또는 수수하거나 그러할 목적으로 소지·소유한 자

4. 제3조 제6호를 위반하여 제2조 제3호 가목에 해당하는 향정신성의약품의 원료가 되는 식물에서 그 성분을 추출한 자 또는 그 식물을 수출입하거나 수출입할 목적으로 소지·소유한 자

법무부

5. 제3조 제7호를 위반하여 대마를 수입하거나 수출한 자 또는 그러할 목적으로 대마를 소지·소유한 자
6. 제4조 제1항을 위반하여 제2조 제3호 나목에 해당하는 향정신성의약품 또는 그 물질을 함유하는 향정신성의약품을 제조 또는 수출입하거나 소지·소유한 자
7. 제4조 제1항 또는 제5조의2 제4항을 위반하여 미성년자에게 마약이나 임시마약을 수수·조제·투약·제공한 자 또는 향정신성의약품이나 임시향정신성의약품을 매매·수수·조제·투약·제공한 자

③ 제1항과 제2항에 규정된 죄의 미수범은 처벌한다.
④ 제1항(제7호는 제외한다) 및 제2항에 규정된 죄를 범할 목적으로 **예비 또는 음모**한 자는 10년 이하의 징역에 처한다.
☆ 예비·음모(陰謀) : 음모는 어떤 범죄를 실행할 것을 은밀하게 모의만 하는 단계를, 예비는 범죄의 실행을 준비하는 단계를 각각 뜻한다. 범죄의 실행에 나갔지만 그 범죄행위가 성공하지 못한 경우에는 미수범이라고 한다.

제59조(벌칙) ① 다음 각 호의 어느 하나에 해당하는 자는 1년 이상의 유기징역에 처한다.
1. 제3조 제2호를 위반하여 수출입·매매 또는 제조할 목적으로 마약의 원료가 되는 식물을 재배하거나 그 성분을 함유하는 원료·종자·종묘(種苗)를 소지·소유한 자
2. 제3조 제2호를 위반하여 마약의 성분을 함유하는 원료·종자·종묘를 관리·수수하거나 그 성분을 추출하는 행위를 한 자
3. 제3조 제3호를 위반하여 헤로인이나 그 염류 또는 이를 함유하

신고포상금

는 것을 소지·소유·관리·수수·운반·사용 또는 투약하거나 투약하기 위하여 제공하는 행위를 한 자(나머지는 생략)
* 벌칙규정은 이하 제64조까지에 규정되어 있다.

제3절 「법 시행령」의 규정

제23조(신고·고발) ① 법 제54조에 따른 마약류에 관한 범죄의 신고 또는 고발은 익명(匿名) 또는 가명(假名)으로 할 수 있다.

제24조(보상금의 지급신청) ① 법 제54조에 따른 보상금을 받으려는 사람은 법무부령으로 정하는 바에 따라 보상금지급신청서를 관할 지방검찰청 검사장(지청장을 포함한다)을 거쳐 법무부장관에게 제출하여야 한다.

② 제1항에 따른 신청은 「민원사무처리에 관한 법률 시행령」 제2조 제1항 제3호에도 불구하고 익명 또는 가명으로 할 수 있다. 이 경우 그 사유에 관한 범죄인지관서장의 확인을 받아야 한다.

제25조(보상금의 지급) ① 법 제54조에 따른 보상금은 검사가 범인에 대하여 공소를 제기하거나 기소유예처분을 한 경우에 지급한다. 다만, 범인을 검거하지 못하고 마약류만 압수한 경우에는 법무부령으로 정하는 바에 따라 보상금을 지급할 수 있다.

② 법 제54조에 따른 보상금은 법무부령으로 정하는 바에 따라 추징금액과 몰수품의 국내 도매가격을 합산한 금액 또는 추징예상금액과 압수물의 국내 도매가격을 합산한 금액을 한도로 예산의 범위에서 지급한다. 다만, 보상금 지급대상자가 마약류범죄

수사업무에 종사하는 공무원인 경우 그 보상금은 벌금액과 **추징금액 및 몰수품** 또는 압수물의 국내 도매가격을 합산한 금액의 100분의25를 초과할 수 없다.

☆ 추징·몰수 : "몰수"는 범죄행위와 관련된 물건의 소유권을 강제로 **빼앗아** 국가의 소유로 하는 것을 말하며, "추징금"은 몰수의 대상인 물건을 몰수할 수 없을 때 그 물건의 가치에 상당하는 금액을 범죄행위자로부터 거두어들이는 돈을 뜻한다.

제4절 「마약류보상금 지급규칙」의 규정

제5조(신청절차) ① 보상금의 지급신청을 하고자 하는 자는 별지 제1호 서식의 보상금지급신청서를 관할 지방검찰청 검사장(지청장을 포함한다)에게 제출하여야 한다.

제14조(지급기준) ① 보상금은 추징금액과 몰수품의 국내 도매가격을 합산한 금액 또는 추징 예상금액과 압수물의 국내도매가격을 합산한 금액(이하 "사건기준가액"이라 한다)을 기준으로 사건당 다음의 보상금 상한액의 범위에서 지급한다.

사건기준가액	보상금 상한액	
	공무원	민간인
10억 원 이상	1천만 원	5천만 원
5억 원 이상 10억 원 미만	700만 원	3천만 원
1억 원 이상 5억 원 미만	500만 원	2천만 원

신고포상금

5천만 원 이상 1억 원 미만	300만 원	1천500만 원
3천만 원 이상 5천만 원 미만	200만 원	1천만 원
1천만 원 이상 3천만 원 미만	100만 원	700만 원
500만 원 이상 1천만 원 미만	70만 원	500만 원
100만 원 이상 500만 원 미만	50만 원	300만 원
10만 원 이상 100만 원 이하	30만 원	100만 원

② 제1항의 규정에 의하여 보상금을 결정함에 있어서는 다음 각 호의 사항을 고려하여 그 금액을 조정하여야 한다.
1. 신고 또는 고발 내용의 정확성
2. 당해 사건에 직접 기여한 공로
3. 사건의 난이도
4. 범죄의 경중과 규모
5. 압수 또는 몰수한 마약류의 양
6. 사건기준가액 실제 국고수입

③ 제1항의 규정에도 불구하고 사건기준가액을 산정할 수 없는 경우에도 당해 사건이 국내외적으로 중요하거나 사건의 해결이 대형범죄를 예방하는 등 단속의 효과가 큰 경우에는 그 사건의 해결에 공로가 있는 자에 대하여 보상금 지급을 결정할 수 있다. 이 경우 보상금은 제1항의 규정에 의한 보상금 상한액을 초과하지 아니하는 범위 안에서 이를 결정하여야 한다.

④ 시행령 제1항 단서의 규정에 의하여 범인을 검거하지 못하고 마약류만 압수한 경우에도 제1항의 규정에 의한 보상금 상한액의 범위에서 보상금을 지급할 수 있다.

⑤ 제1항의 규정에도 불구하고 지급대상자가 마약류범죄 수사업무에 종사하는 공무원인 경우에는 1인당 500만 원을 초과할 수 없다.

제15조(신청자격의 경합) 신고인·고발인 또는 검거자가 2인 이상인 경우에는 각자의 공로, 당사자간의 분배합의 등을 감안하여 배분·지급할 수 있다.

제18조(지급절차) ① 제17조 제2항의 규정에 의한 보상금지급결정서를 검찰총장을 거쳐 당해 사건을 종국처분한 지방검찰청 검사장에게 송부하고, 지방검찰청 검사장은 신청인에게 지급결정 사실을 통보한다.

 신고포상금

(제1호 서식)

보상금지급신청서

접수번호		접수일자		처리기간 : 1일	
신청인	성명		성별		생년월일
	주소				
	소속				
	직업(지위)				
신청내용	사건개요				
	압수물			수량	
	처벌사항				
	신청인 소견				

「마약류관리에 관한 법률」제54조, 같은 법 시행령 제24조 및 「마약류보상금 지급 규칙」제5조의 규정에 따라 위와 같이 보상금 지급을 신청합니다.

년   월   일

신청인   (인)

법무부장관 귀하

아래와 같은 사유가 있어 「마약류관리에 관한 법률 시행령」제24조 제2항의 규정에 따라 익명·가명으로 보상금지급을 신청하였음을 확인합니다.

확인자 (기관명) 장

법무부

제5절 신고 및 고발

「마약류관리에 관한 법률」 제54조는 "수사기관에 신고 또는 고발한 사람에게" 보상금을 지급한다고 규정하고 있다.

「형사소송법」의 규정을 토대로 "고발"에 관하여 살펴본다. 누구든지 범죄가 있다고 사료(思料)하는 때에는 고발할 수 있다. 공무원은 그 직무를 행함에 있어 범죄가 있다고 사료하는 때에는 고발을 하여야 한다. 자기 또는 배우자의 직계존속을 고발하지 못한다. 고발은 서면 또는 구술(口述)로써 검사 또는 사법경찰관에게 하여야 한다. 검사 또는 사법경찰관이 구술에 의한 고발을 받은 때에는 조서를 작성하여야 한다.

이상은 「형사소송법」이 규정하고 있는 고발에 관한 내용이다. "범죄가 있다고 사료하는 때"라고 하였으므로, 곰곰이 생각해보니 범죄의 혐의가 인정된다고 (주관적으로) 생각되면 고발을 할 수 있다. 원칙적으로 증거자료도 필요 없다. 법령을 꼼꼼히 읽다보면 "증거자료" 또는 "입증자료"를 첨부하라는 요구를 법률이 하는 경우가 있고, 법률에는 그러한 요구조건이 없음에도 불구하고 시행령이나 시행규칙에서 불쑥 이러한 것을 요구하는 경우가 있다. 뒤의 경우는 그 시행령이나 시행규칙을 만든 대통령·국무총리·장관이 권한을 넘은 행위를 한 것이다. 그 모법(母法)에 근거 없이 국민에게 부담을 가중시킨 규정이기 때문이다. 어쨌거나 범죄의 혐의가 있다고 충분히 믿을만한 이유가 있다면 구체적인 증거가 없더라도 그 고발행위를 무고(誣告)라고 말할 수는 없는 것이다.

「형사소송법」에서는 고발을 말 - "구술" - 로도 할 수 있다고 하며, 이 경우에는 검사나 사법경찰관은 조서를 작성하여야 한다고 했다. 즉

 신고포상금

고발에는 일정한 형식을 요구하지 않는다는 것을 알 수 있다. 그러나 일반적으로 고발장이라는 형식의 문서를 제출하는 것이 실무에서의 관행이다.

「마약류관리에 관한 법률」에서는 "신고 또는 고발"이라고 했지만, 이 둘은 결국 같은 것임을 알 수 있다. 형식이 정해진 것은 아니지만 일반적으로 사용하는 고발장의 틀만 소개한다. 신고서로 제목만 바꾸어 사용하여도 무방할 것이다.

법무부

고 발 장

고 발 인 홍 길 동(000000-0000000)
　　　　　서울 서초구 서초3동 1701-1
　　　　　010-0000-0000, 02)0000-0000

피고발인 연 놀 부(000000-0000000)
　　　　　집 : 서울 양천구 신정1동 313-1
　　　　　　　010-0000-0000, 02)0000-0000
　　　　　사무실 : 서울 마포구 공덕동 105-1 ○○빌딩 502호
　　　　　　　02)0000-0000

고 발 취 지

(생략)

고 발 사 실

(생략)

첨부자료 :

2014. 7. 30.

위 고발인 홍 길 동(인)

양천경찰서장 귀하

 신고포상금

○ 피고발인에 관한 정보는 가능하면 많이 적어준다.
○ 고발취지에는 어떤 내용의 고발인지를 쉽게 파악할 수 있는 내용을 간결하게 적는다.
○ 고발사실은 가능하면 6하원칙에 의하여 적어주되, 길이에는 제한을 둘 필요가 없다. 다만, 신고서가 아닌 고발장이라면 경찰서나 검찰청에 제출할 것이므로, 고발인을 불러서 조사하게 된다는 점을 감안한다. 고발인이 누구이며 피고발인과는 어떤 관계인지를 간략히 소개한다. 고발을 하는 이유는 필요하지 않지만, 수사에 급속을 필요로 하는 경우에는 그 이유 등도 적는다.
○ 첨부할만한 자료가 있으면 붙인다.
○ 수사기관이 아닌 행정관청에 신고서를 제출하는 경우에도 같은 요령이다. 다만, 행정기관에서 일정한 형식의 신고서를 요구하는 경우에는 그에 따른다.

제35장 성매매알선 등 행위

제1절 「성매매알선 등 행위의 처벌에 관한 법률」의 규정

제28조(보상금) ① 제18조 제2항 제3호, 같은 조 제3항 제4호, 같은 조 제4항, 제22조의 범죄 및 성매매 목적의 인신매매의 범죄를 수사기관에 신고한 사람에게는 보상금을 지급할 수 있다.

② 제1항에 따른 보상금의 지급기준 및 범위에 관하여 필요한 사항은 대통령령으로 정한다.

제18조(벌칙) ① 다음 각 호의 어느 하나에 해당하는 사람은 10년 이하의 징역 또는 1억 원 이하의 벌금에 처한다.

1. 폭행이나 협박으로 성을 파는 행위를 하게 한 사람
2. 위계 또는 이에 준하는 방법으로 성을 파는 사람을 곤경에 빠뜨려 성을 파는 행위를 하게 한 사람
3. 친족관계, 고용관계, 그 밖의 관계로 인하여 다른 사람을 보호·감독하는 것을 이용하여 성을 파는 행위를 하게 한 사람
4. 위계 또는 위력으로 성교행위 등 음란한 내용을 표현하는 영상물 등을 촬영한 사람

② 다음 각 호의 어느 하나에 해당하는 사람은 3년 이하의 유기징

신고포상금

역에 처한다.
3. 「폭력행위 등 처벌에 관한 법률」 제4조에 규정된 단체나 집단의 구성원으로서 제1항의 죄를 범한 사람
③ 다음 각 호의 어느 하나에 해당하는 사람은 3년 이상의 유기징역에 처한다.
4. 「폭력행위 등 처벌에 관한 법률」 제4조에 규정된 단체나 집단의 구성원으로서 제2항 제1호 또는 제2호의 죄를 범한 사람
④ 다음 각 호의 어느 하나에 해당하는 사람은 5년 이상의 유기징역에 처한다.
제22조(범죄단체의 가중처벌) 제18조 또는 제19조에 규정된 죄를 목적으로 단체 또는 집단을 구성하거나 그러한 단체 또는 집단에 가입한 사람은 「폭력행위 등 처벌에 관한 법률」 제4조의 예에 따라 처벌한다.

제2절 「법 시행령」의 규정

제5조(보상금의 지급신청) ① 법 제28조의 규정에 의한 신고(고소·고발을 포함한다)에 대한 보상금을 지급받고자 하는 사람은 법무부령이 정하는 바에 의하여 보상금지급신청서를 관할지방검찰청 검사장(지방검찰청 지청장을 포함한다)에게 제출하여야 한다.
② 제1항의 규정에 의한 신청은 「민원사무처리에 관한 법률 시행령」 제2조 제1항의 규정에 불구하고 익명 또는 가명으로 할 수 있다. 이 경우 그 사유에 관하여 신고를 접수한 기관의 장의 확인이 있어야 한다.

③ 제1항의 규정에 의한 신청은 제6조 제1항의 규정에 의한 보상금 지급사유가 발생한 사실을 안 날부터 1년 이내에 하여야 한다.

제6조(보상금의 지급) ① 보상금은 신고가 접수된 범죄에 대하여 공소가 제기되거나 기소유예 처분이 된 경우에 지급할 수 있다. 다만, 피의자를 검거하지 못하는 등으로 공소가 제기되지 아니한 경우에도 신고로 인하여 범죄의 주요 증거가 확보되거나 피해자 구조에 현저히 기여 한 때에는 보상금을 지급할 수 있다.

② 보상금은 최고 **2천만 원 이내**로 하여 그 지급결정이 있은 당해연도 예산의 범위 안에서 지급하되, 그 구체적인 지급기준은 법무부령으로 정한다.

제3절 「법 시행규칙」의 규정

제4조(보상금의 지급신청) ① 「성매매알선 등 행위의 처벌에 관한 법률 시행령」 제5조 제1항의 규정에 의하여 보상금의 지급신청을 하고자 하는 자는 별지 제1호 서식에 의한 보상금지급신청서를 관할 지방검찰청 검사장(지청장을 포함한다)에게 제출하여야 한다.

제13조(보상금의 지급기준) ① 보상금은 법 제28조 제1항에 따라 보상금 지급대상이 되는 범죄(이하 "대상범죄"라 한다)에 대하여 신고를 한 경우에 다음 각 호에서 정한 보상금 상한액의 범위에서 지급한다.

   1. 법 제18조 제4항 또는 법 제22조에 규정된 범죄 중 범죄단체 또는 범죄집단의 구성죄에 대하여 신고를 한 경우 : 2천만 원

   2. 범죄단체 또는 범죄집단이나 국제범죄조직에서 저지른 대상

신고포상금

범죄의 적발 및 범인검거 등에 기여한 경우 : 2천만 원
3. 대상범죄와 관련된 「형법」 제250조(살인, 존속살해), 제253조(위계등에 의한 촉탁살인 등) 및 제254조(미수범. 다만, 제251조 및 제252조의 미수범을 제외한다)의 범죄의 적발 및 범인검거 등에 기여한 경우 : 2천만 원
4. 신고에 의하여 감금 또는 인신매매된 성매매피해자를 구제한 경우 : 2천만 원
5. 법 제18조 제3항 제3호 및 제4호에 규정된 범죄 또는 법 제22조에 규정된 범죄 중 범죄단체 또는 범죄집단에의 가입죄에 대하여 신고를 한 경우 : 1천만 원
6. 법 제18조 제2항 제3호에 규정된 범죄에 대하여 신고를 한 경우 : 700만 원

③ 당해 사건의 해결이 국내외적으로 중요하거나 대형범죄, 조직범죄의 근절 등 범죄진압에 현저히 기여한 경우에는 2천만 원을 초과하지 아니하는 범위 안에서 제1항의 규정에 의한 지급기준보다 많은 보상금을 지급할 수 있다.

제19조(익명 또는 가명신청 관련 서류의 작성) ① 제5조 제1항의 규정에 의하여 익명 또는 가명으로 보상금이 신청된 경우에는 그 공로조서, 보상금지급심의서, 보상금지급결정서에는 익명 또는 가명을 기재하고, 주민등록번호 및 주소 등 인적사항을 확인할 수 있는 내용을 기재하여서는 아니 된다.

② 보상금지급조서 및 보상금지급대장에는 신청인의 실명을 기재하되, 보상금지급신청서에 기재된 익명 또는 가명을 부기하여야 한다.

(별지 제1호 서식)

보상금 지급신청서

접수번호		접수일자		처리기간 : 1일	
신청인	성명		성별		생년월일
	주소				
	직장(소재지)				
	직업(직위)				
신청내용	사건개요				
	사건처리결과				
	지급제한사유의 유무				
	신고관련 별도보상금 · 포상금의 신청 여부				
	신청인 소견				

「성매매알선 등 행위의 처벌에 관한 법률」 제28조, 같은 법 시행령 제5조 및 같은 법 시행규칙 제4조에 따라 위와 같이 보상금 지급을 신청합니다.

년   월   일

신청인   (인)

법무부장관 귀하

아래와 같은 사유가 있어 「성매매알선 등 행위의 처벌에 관한 법률 시행령」 제5조 제2항에 따라 익명·가명으로 보상금 지급을 신청하였음을 확인합니다.

사유 :

확인자   (인) (기관명) 장 (인)

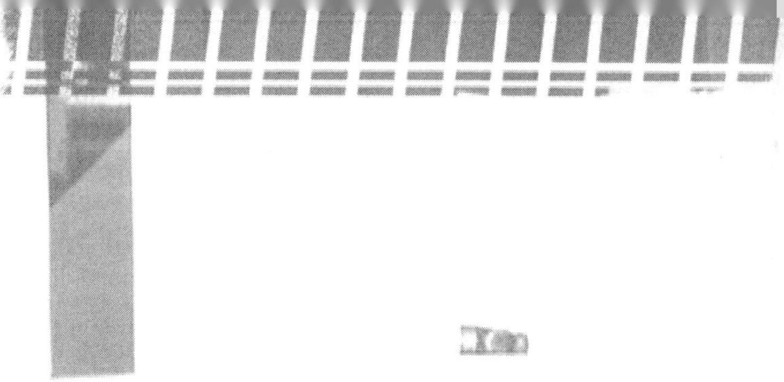

보건복지부

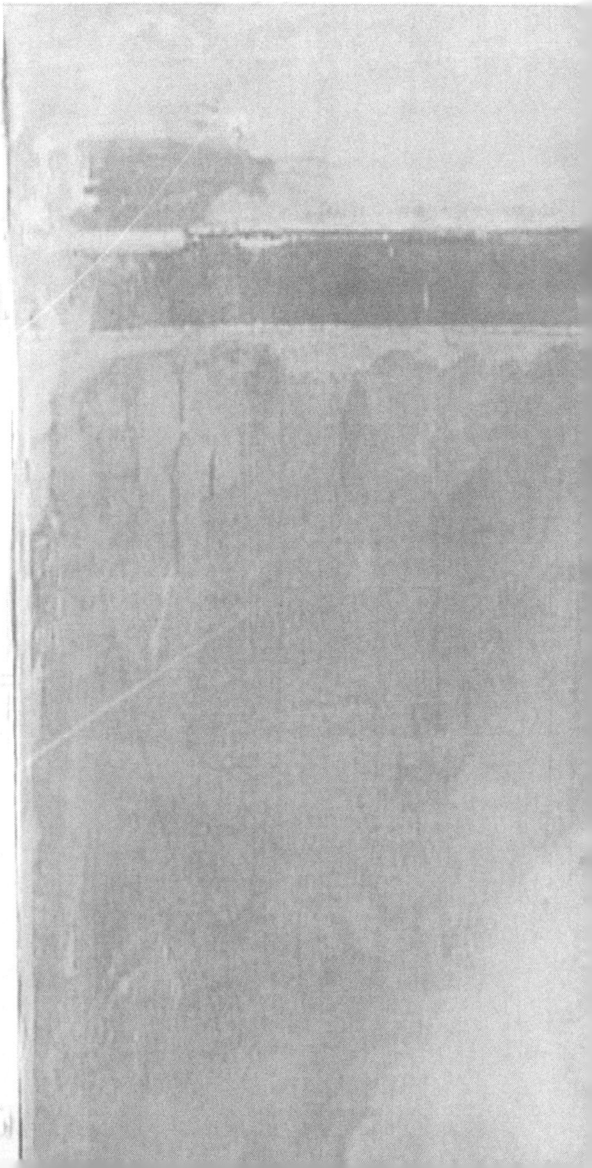

제36장 약사의 금지행위 위반

제1절 「약사법」의 규정

제90조(포상금) 제23조, 제24조 제1항·제2항, 제26조 제1항, 제27조 제1항·제3항 및 제50조 제1항(제44조의5 제1항에서 준용하는 경우를 포함한다)·제2항을 위반한 사실을 감독기관이나 수사기관에 신고·고발한 자에게는 대통령령으로 정하는 바에 따라 포상금을 지급할 수 있다.

제23조(의약품 조제) ① 약사 및 한약사가 아니면 의약품을 조제할 수 없으며, 약사 및 한약사는 각각 면허의 범위에서 의약품을 조제하여야 한다. 다만, 약학을 전공하는 학생은 보건복지부령으로 정하는 범위에서 의약품을 조제할 수 있다.

② 약사 또는 한약사가 의약품을 조제할 때에는 약국 또는 의료기관의 조리실(제92조 제1항 제2호 후단에 따라 한국희귀의약품센터에 설치된 조제실을 포함한다)에서 하여야 한다. 다만, 시장·군수·구청장의 승인을 받은 경우에는 예외로 한다.

③ 의사 또는 치과의사는 전문의약품과 일반의약품을 처방할 수 있고, 약사는 의사 또는 치과의사의 처방전에 따라 전문의약품과 일반의약품을 조제하여야 한다. 다만, 다음 각 호의 어느 하나에

신고포상금

해당하면 의사 또는 치과의사의 처방전 없이 조제할 수 있다.
1. 의료기관이 없는 지역에서 조제하는 경우
2. 재해가 발생하여 사실상 의료기관이 없게 되어 재해구호를 위하여 조제하는 경우
3. 감염병이 진단으로 발생하거나 발생할 우려가 있다고 보건복지부장관이 인정하여 경구용(經口用) 감염병예방접종약을 판매하는 경우
4. 사회봉사활동을 위하여 조제하는 겨우

⑤ 제3항 제1호에 따른 의료기관이 없는 지역 및 제4항 제1호에 따른 약국이 없는 지역의 범위에 관하여는 보건복지부장관이 정한다.

⑥ 한약사가 한약을 조제할 때에는 한의사의 처방전에 따라야 한다. 다만, 보건복지부장관이 정하는 한약 처방의 종류 및 조제방법에 따라 조제하는 경우에는 한의사의 처방전 없이도 조제할 수 있다.

제24조(의무 및 준수사항) ① 약국에서 조제에 종사하는 약사 또는 한약사는 조제 요구를 받으면 정당한 이유 없이 조제를 거부할 수 없다.

② * 제2항은 약국개설자의 금지행위를 규정하고 있다.

제26조(처방의 변경 · 수정) ① 약사 또는 한약사는 처방전을 발행한 의사 · 치과의사 · 한의사 또는 수의사의 동의 없이 처방을 변경하거나 수정하여 조제할 수 없다.

제27조(대체조제) ① 약사는 의사 또는 치과의사가 처방전에 적은 의약품을 성분 · 함량 및 제형이 같은 다른 의약품으로 대체하여 조제하려는 경우에는 미리 그 처방전을 발행한 의사 또는 치과의사

의 동의를 받아야 한다.

③ 약사는 제1항 또는 제2항에 따라 처방전에 적힌 의약품을 대체조제한 경우에는 그 처방전을 지닌 자에게 즉시 대체조제한 내용을 알려야 한다.

제50조(의약품 판매) ① 약국개설자 및 의약품 판매업자는 그 약국 또는 점포 이외의 장소에서 의약품을 판매하여서는 아니 된다. 다만, 시장·군수·구청장의 승인을 받은 경우에는 예외로 한다(이 항은 제44조의5 제1항에서 준용하는 경우를 포함한다.).

② 약국개설자는 의사 또는 치과의사의 처방전이 없이 일반의약품을 판매할 수 있다,

제2절 「약사법 시행령」의 규정

제37조(포상금의 지급절차) ① 법 제90조에 따라 관련 법령위반사실의 신고 또는 고발을 받은 감독기관 또는 수사기관은 그 사건의 개요를 관할 시장·군수·구청장에게 알려 주어야 한다.

② 제1항에 따른 통지를 받은 시장·군수·구청장은 그 사건에 관한 법원의 확정판결이 있으면 예산의 범위에서 포상금을 지급할 수 있다.

③ 제2항에 따른 포상금은 그 사건으로 선고된 **벌금액(징역형의 선고를 받은 경우에는 해당 적용벌칙의 상한액)의 100분의 10 이내**로 한다.

  * 「약사법」이 규정하는 약사에 대한 벌금형의 상한액은 2천만 원이다.

제37장 요양기관(의료기관등)의 보험급여비용 부당수급

제1절 제도의 취지

「국민건강보험법」에서 신고한 사람에게 포상금을 지급하는 의료기관 등의 부당한 행위는 거짓의 방법으로 국민건강보험공단으로부터 보험급여비용을 받아내는 행위이다. 주로 문제되는 행위로는 이른바 가짜환자(속칭 나일론환자)를 이용하여 보험급여비용을 받아내는 행위이다. 「법 시행령」은 신고자의 신분에 따라서 포상금액을 달리 규정하고 있으며, 그 상한액은 1억 원이다. 의료기관이란 의원 · 치과의원 · 한의원 · 조산원 · 병원 · 치과병원 · 한방병원 · 요양병원 · 종합병원을 말한다.

제2절 「국민건강보험법」의 규정

제104조(포상금 등의 지급) ① 국민건강보험공단은 속임수나 그 밖의 부당한 방법으로 보험급여비용을 지급받은 요양기관을 신고한 사람에 대하여 포상금을 지급할 수 있다.

③ 제1항에 따른 포상금의 지급기준과 범위, 절차 및 방법 등에 필요한 사항은 대통령령으로 정한다.

☆ 요양기관 : 이 법에서 규정하는 요양기관으로는 의료기관, 약국, 한국희귀의약품센터, 보건소 · 보건의료원 · 보건지소 · 보건진료소가 있다. 의료기관의 종류는 앞에서 소개하였다.

제3절 「국민건강보험법 시행령」의 규정

제75조(포상금의 지급기준 등) ① 법 제104조 제1항에 따라 속임수나 그 밖의 부당한 방법으로 보험급여비용을 받은 요양기관을 신고하려는 사람은 공단이 정하는 바에 따라 공단에 신고하여야 한다. 이 경우 2명 이상이 공동명의로 신고할 때에는 대표자를 지정하여야 한다.

② 공단은 제1항에 따라 신고를 받으면 그 내용을 확인한 후 포상금 지급 여부를 결정하여 신고인(2명 이상이 공동명의로 신고한 경우에는 제1항 후단에 따른 대표자를 말한다)에게 통보하여야 한다.

③ 제2항에 따라 포상금 지급결정을 통보받은 신고인은 공단이 정하는 바에 따라 공단에 포상금지급신청을 하여야 한다.

④ 공단은 제3항에 따라 포상금지급신청을 받은 날부터 1개월 이내에 신고인에게 별표6의 포상금 지급기준에 다른 포상금을 지급하여야 한다.

⑤ 제1항에 따른 신고를 받은 후에 신고된 내용과 같은 내용의 신고를 한 사람에게는 포상금을 지급하지 아니한다.

신고포상금

⑥ 제1항부터 제5항까지에서 규정한 사항 외에 포상금의 지급기준과 방법·절차 등에 관하여 필요한 사항은 공단이 정한다.

* 포상금의 지급방법·절차 등은 국민건강보험공단 홈페이지(www.nhis.or.kr)에서 확인할 수 있다.

(별표6)

포상금지급기준

신고인 유형	지급기준	
	징수금의 금액	포상금의 금액
1. 요양기관 관련자 가. 요양기관에 근무하거나 근무하였던 의사·약사·간호사·의료기사 및 그 밖의 직원 등이 그 요양기관을 신고한 경우 나. 약제·치료재료의 제조업자·판매업자에게 고용되어 있거나 고용되었던 사람이 요양기관을 신고하는 경우	15만 원 이상 1천만 원 이하	징수금 × 100분의 30
	1천만 원 초과 5천만 원 이하	300만 원 + [(징수금 - 1천만 원) × 100분의 20]
	5천만 원 초과	1,100만 원 + (5천만 원 초과 징수금 × 100분의 10) 다만, 1억 원이 넘는 경우에는 1억 원으로 한다.
2. 요양기관 이용자 요양기관에서 진료를 받은 사람, 그 배우자 및 직계존비속이 해당 진료와 관련된 요양급여비용에 대하여 요양기관을 신고하는 경우	2천 원 이상 2만5천 원 이하	1만 원
	2만5천 원 초과	징수금 × 100분의 40 다만, 500만 원이 넘는 경우에는 500만 원으로 한다.

3. 그 밖의 신고인 제1호와 제2호 외의 사람이 요양기관을 신고하는 경우	10만 원 이상 1천만 원 이하	징수금 × 100분의 20
	1천만 원 초과 2천만 원 이하	200만 원 + (1천만 원 초과 징수금 × 100분의 15)
	2천만 원 초과	500만 원의 범위에서 350만 원 + (2천만 원 초과 징수금 × 100분의 10)

* 비고 : 1. "징수금"이란 요양기관이 속임수나 그 밖의 부당한 방법으로 받은 요양급여비용을 말한다.

      2. 위 표의 징수금의 금액에 해당되지 않는 경우는 신고대상에서 제외한다.

제38장 노인장기요양기관의 보험급여비용 부당수급

제1절 제도의 이해

「노인장기요양보험법」은 고령이나 노인성 질병 등의 사유로 일상생활을 혼자서 수행하기 어려운 노인 등에게 제공하는 장기요양급여에 관하여 규정하면서 이를 부당하게 받은 장기요양기관·장기요양원을 신고한 사람에게 포상금을 지급하는 것으로 규정하고 있다. 이 법은 신고포상에 관하여는 앞에서 검토한바 있는 「국민건강보험법」을 준용한다.

제2절 「노인장기요양법 시행규칙」의 규정

제43조의2(포상금의 지급) ① 법 제64조에 따라 준용되는 「국민건강보험법」 제104조에 따른 포상금의 지급기준은 별표3과 같다.
② 제1항에 따른 포상금 지급신청서는 별지 제35호 서식에 따른다.

(별표 3)

포상금지급기준

신고인	지급기준	
1. 요양보호사·사회복지사·간호사·물리치료사 기타 직원 등이 종사하거나 종사하였던 장기요양기관을 신고하는 경우 및 복지용구제조업자·판매업자에게 고용되어 있거나 고용되었던 사람이 신고하는 경우	장기요양기관이 속임수나 그 밖의 부당한 방법으로 지급받은 장기요양급여비용에 대한 징수금(이하 "징수금"이라 한다)이 3천만 원 이상 500만 원 이하인 경우	징수금 × 100분의 30
	징수금이 500만 원 초과 2천5백만 원 이하인 경우	150만 원 + (500만 원 초과 징수금 × 100분의 20)
	징수금이 2천5백만 원을 넘는 경우	5천만 원의 범위에서 550만 원 + (2천5백만 원 초과 징수금 × 100분의 10)
2. 장기요양급여를 받은 사람 또는 그 배우자와 직계존비속이 그 장기용양급여비용에 대하여 신고하는 경우	징수금이 2천 원 이상 2만5천 원 이하인 경우	1만 원
	징수금이 2만5천 원을 넘는 경우	500만 원의 범위에서 징수금 × 100분의 40
3. 제1호 및 제2호 외의 경우	징수금이 2만 원 이상 1천만 원 이하인 경우	징수금 × 100분의 20
	징수금이 1천만 원 초과 2천만 원 이하인 경우	200만 원 + (1천만 원 초과 징수금 × 100분의 15)
	징수금이 2천만 원을 넘는 경우	500만 원의 범위에서 350만 원 + (2천만 원 초과 징수금 × 100분의 10)

신고포상금

(별지 제35호 서식)

포상금지급신청서

① 신청인	성명		생년월일	
	주소		전화번호	
② 대리인	성명		생년월일	
	주소		전화번호	
포상금 지급신청 내용				
③ 접수번호		제 호	④ 통보서수령일	
⑤ 신청금액		포상금 원		
⑥ 금융기관명			⑦ 계좌번호	
⑧ 예금주	성명		⑨ 신청인과의 관계	
	생년월일			

첨부서류 : 1. 통장 사본 1부
        2. 위임장 1부(포상금 수령을 위임한 경우만 제출합니다)
        3. 신청인 입증자료 1부(해당하는 경우에만 제출합니다)

「노인장기요양보험법」 제64조 및 같은 법 시행규칙 제43조의 2에 따라 위와 같이 포상금의 지급을 신청합니다.

년   월   일

신청인   (인)

국민건강보험공단 이사장 귀하

산림청

제39장 임산물의 보호규정 위반행위

제1절 제도의 이해

「산림보호법」은 산림보호구역의 관리, 산림병해충의 예방·방제, 산불의 예방·진화 및 산사태의 예방·복구 등을 목적으로 하는 법률이다. 이와 관련하여 다음에 규정한 행위들에 대하여 신고포상금을 지급한다. 이 법은 예방적 신고에 관하여도 포상금을 지급하고 있는 점이 특색이다.

제2절 「산림보호법」의 규정

제48조(포상) 산림청장, 지방자치단체의 장 또는 지방산림청장은 다음 각 호의 자 및 기관·단체에 대하여 대통령령으로 정하는 바에 따라 포상하거나 포상금을 지급할 수 있다.
  1. 다음 각 목에 해당하는 자를 산림행정관서나 수사기관에 신고하거나 고발한 자
    가. 제9조 제1항 또는 같은 조 제2항 제1호·제2호를 위반한 자 (제13조 제2항에 따라 준용하는 경우를 포함한다)

나. 제18조의3 제1항 또는 제2항을 위반한 자

2. 산림병해충의 피해나 발생 징후를 신고한 자

3. 산불방지, 산불 발생의 신고 및 산불 관련 범법자의 신고·검거에 공로가 있는 사람이나 기관·단체

4. 산사태 피해나 발생 징후를 신고한 자

제9조(산림보호구역에서의 행위제한) ① 산림보호구역(「산림문화·휴양에 관한 법률」제14조 제1항에 따른 자연휴양림조성계획을 승인받은 구역은 제외한다) 안에서는 다음 각 호의 행위를 하지 못한다.

1. 입목(立木)·죽(竹)의 벌채

2. 임산물의 **굴취(掘取)**·채취

☆ 굴취 : 파내어 취득하는 것을 말한다.

2의2. 입목·죽 또는 임산물을 손상하거나 말라죽게 하는 행위

3. 가축의 방목

4. 그 밖에 대통령령으로 정하는 토지의 형질을 변경하는 행위

제3절 「산림보호법 시행령」의 규정

제33조(포상금의 지급) ① 법 제48조 제1호에 따른 포상금은 해당 사건으로 인하여 거두어들인 벌금액과 몰수 또는 압수한 부정 임산물 가액의 합산액에 대한 100분의10에 해당하는 금액을 포상금으로 지급하되, 그 <u>한도액은 200만 원</u>으로 한다.

② 법 제48조 제2호 및 제4호에 따른 포상금은 <u>200만 원의 범위</u>에서 지급한다.

신고포상금

③ 법 제48조 제3호에 따른 포상금은 **300만 원의 범위**에서 지급한다.

제4절 「산림보호법 시행규칙」의 규정

제41조(포상금의 지급) ① 시행령 제33조에 따라 포상금을 지급받으려는 사람은 별지 제20호 서식에 따른 청구서를 산림청장, 지방자치단체의 장 또는 지방산림청장에게 제출하여야 한다.

② 제1항에 따른 포상금의 지급기준, 지급방법 및 세부절차 등에 관한 사항은 산림청장, 지방자치단체의 장 또는 지방산림청장이 각각 따로 정한다.

산림청

(별지 제20호)

포상금 지급청구서

접수번호	접수일		처리일	처리기간 : 4일
청구인	성명		생년월일	
	주소 · 전화번호			
구분	통보			
	체포			
	압류			
통보 · 체포 · 압류일자				
통보기관				
내용				

　「산림보호법」제48조 및 같은 법 시행규칙 제41조 제1항에 따라 위와 같이 청구합니다.

년　　월　　일

청구인　　　　　　(인)

산림청장
시 · 도지사, 시장 · 군수 · 구청장 귀하
지방산림청장

제40장 임산물 불법 벌채 등

제1절 「산림자원의 조성 및 관리에 관한 법률」의 규정

제66조(포상금의 지급) 산림청장은 제19조 제5항 및 제36조 제1항·제4항을 위반한 자를 산림행정관서나 수사기관에 신고하거나 고발한 자에게 농림축산식품부령으로 정하는 바에 따라 포상금을 지급할 수 있다.

제19조(채종림등의 지정·관리) ⑤ **채종림등**에서는 다음 각 호의 행위를 하지 못한다. 다만, 숲 가꾸기를 위한 벌채 및 임산물의 굴취·채취는 채종림등의 지정 목적에 어긋나지 아니하는 범위에서 농림축산식품부령으로 정하는 바에 따라 산림청장이나 시장·군수·구청장에게 신고할 수 있다.

1. 입목·죽의 벌채
2. 임산물의 굴취·채취
3. 가축의 방목
4. 그 밖의 토지의 형질을 변경하는 행위

☆ 채종림(採種林)등 : 산림청장이나 시·도지사가 국유림 또는 공유림 중에서 조림용 우량종자를 채취할 수 있는 산림이나

수목·수형림으로 지정한 것을 말한다.

제36조(입목벌채 등의 허가 및 신고) ① 산림(제19조에 따른 채종림과 「산림보호법」 제7조에 따른 산림보호구역은 제외한다) 안에서 입목의 벌채, 임산물(「산지관리법」 제2조 제4호·제5호에 따른 석재 및 토사는 제외한다)의 굴취·채취(이하 "입목벌채등"이라 한다)를 하려는 자는 농림축산식품부령으로 정하는 바에 따라 시장·군수·구청장이나 지방산림청장의 허가를 받아야 한다. 허가받은 사항 중 대통령령으로 정하는 중요 사항을 변경하려는 경우에도 또한 같다.

④ 병해충·산불 등 자연재해를 입은 입목의 제거 등 대통령령으로 정하는 사유로 입목벌채 등을 하려는 자는 제1항에도 불구하고 농림축산식품부령으로 정하는 바에 따라 시장·군수·구청장이나 지방산림청장에게 신고할 수 있다.

제2절 「법 시행규칙」의 규정

제70조(포상금의 지급) ① 법 제66조에 따른 포상금은 해당 사건으로 인하여 수입된 벌금액과 몰수 또는 압수한 부정임산물 가액의 총액에 대한 100분의10 해당액을 포상금으로 지급하되, **한도액은 200만 원**으로 한다.

② 제1항에 따른 포상금을 지급받으려는 자는 **별지 제50호 서식**에 따른 청구서를 신고 또는 고발기관에 제출하여야 한다.

③ 제2항의 청구서를 접수한 행정기관의 장은 해당 사건에 대한 법원의 최종 확정판결의 판결문 등본을 발급받아 확인된 날로부

 신고포상금

터 20일 이내에 지급하여야 한다.

☆ 별지 제50호 서식은 2010. 3. 10. 삭제되었다. 필요한 경우 산림청(www.forest.go.kr) 법무감사담당관실에 문의할 필요가 있어 보인다.

제41장 산림의 불법 전용(轉用)

제1절 「산지관리법」의 규정

제46조의2(포상금) 산림청장(국유림의 산지만 해당한다) 또는 시장·군수·구청장(국유림이 아닌 산림의 산지만 해당한다)은 제14조 제1항 본문, 제15조 제1항 전단, 제15조의2 제1항 본문(변경허가는 제외한다), 같은 조 제2항 전단 및 제25조 제1항 본문(변경허가는 제외한다)을 위반한 자를 산림행정관서나 수사기관에 신고하거나 고발한 사람에게 대통령령으로 정하는 바에 따라 포상금을 지급할 수 있다.

제14조(산지전용허가) ① 산지전용을 하려는 자는 그 용도를 정하여 대통령령으로 정하는 산지의 종류 및 면적 등의 구분에 따라 산림청장등의 허가를 받아야 하며, 허가받은 사항을 변경하려는 경우에도 또한 같다.

제15조(산지전용신고) ① 다음 각 호의 어느 하나에 해당하는 용도로 산지전용을 하려는 자는 제14조 제1항에도 불구하고 국유림의 산지의 경우에는 산림청장에게, 국유림이 아닌 산림의 산지에 대하여는 시장·군수·구청장에게 신고하여야 한다.

1. 산림경영·산촌개발임업시험연구를 위한 시설 및 수목원·

신고포상금

산림생태원 · 자연휴양림 등 대통령령으로 정하는 산림공익시설과 그 부대시설의 설치
2. 농림어업인의 주택시설과 그 부대시설의 설치
3. 「건축법」에 따른 건축허가 또는 건축신고 대상이 되는 농림수산물의 창고 · 집하장 · 가공시설 등 대통령령으로 정하는 시설의 설치

제15조의2(산지일시사용허가신고) ① 「광업법」에 따른 광물의 채굴, 「광산피해의 방지 및 복구에 관한 법률」에 따른 광해방지사업, 그 밖에 대통령령으로 정하는 용도로 산지일시사용을 하려는 자는 대통령령으로 정하는 산지의 종류 및 면적 등의 구분에 따라 산림청장등의 허가를 받아야 하며, 허가받은 사항을 변경하려는 경우에도 같다.

② 다음 각 호의 어느 하나에 해당하는 용도로 산지일시사용을 하려는 자는 국유의 산지에 대하여는 산림청장에게, 국유림이 아닌 산림의 산지에 대하여는 시장 · 군수 · 구청장에게 신고하여야 한다. 신고한 사항 중 농림축산식품부령으로 정하는 사항을 변경하려고 하는 경우에도 같다.

1. 「건축법」에 따른 건축허가 또는 건축신고 대상이 아닌 간이 농림 · 어업용 시설과 농림수산물간이처리시설의 설치
2. 석재 · 지하자원의 탐사시설 또는 시추시설의 설치(지질조사를 위한 시설의 설치를 포함한다)
3. 제10조 제10호, 제12조 제1항 제14호 및 제12조 제2항 제6호에 따른 부대시설의 설치 및 물건의 적치
4. 약초 · 약용수종 · 조경수 · 야생화 등 관상산림식물의 재배

5. 가축의 방목

6. 「매장문화재 보호 및 조사에 관한 법률」에 따른 매장문화재 지표조사

7. 수로 · 작업로 · 임산물운반로 · 등산로 · 탐방로 등 숲길, 그 밖에 이와 유사한 산길의 조성

8. 「장사 등에 관한 법률」에 따른 수목장림의 설치

9. 「사방사업법」에 따른 사방시설의 설치

10. 산불의 예방 및 진화 등 대통령령으로 정하는 재해등급대책과 관련된 시설의 설치

11. 「전기통신사업법」 제2조 제8호에 따른 전기통신사업자가 설치하는 대통령령으로 정하는 규모 이하의 무선전기통신 송수신시설

12. 그 밖에 농림축산식품부령으로 정하는 경미한 시설의 설치

제25조(토석채취허가 등) ① 국유림이 아닌 산림의 산지에서 토석(土石)을 채취하려는 자는 대통령령으로 정하는 바에 따라 다음 각 호의 구분에 따라 시 · 도지사 또는 시장 · 군수 · 구청장으로부터 토석채취허가를 받아야 하며, 허가받은 사항을 변경하려는 경우에도 같다.

1. 토석채취 면적이 10만 제곱미터 이상인 경우 : 도지사의 허가

2. 토석채취 면적이 10만 제곱미터 미만인 경우 : 시장 · 군수 · 구청장의 허가

신고포상금

제2절 「산지관리법 시행령」의 규정

제50조의2(포상금의 지급) ① 법 제46조의2에 따른 포상금의 지급은 별표 8의3의 포상금지급 기준에 따라 예산의 범위에서 이를 지급하여야 한다.

② 제1항에 따른 포상금은 법 제46조의2에 따른 신고 또는 고발의 대상이 되는 자가 행정기관에 의하여 발각되기 전에 주무관청이나 수사기관에 고발 또는 신고한 자에 대하여 해당 고발 또는 신고사건에 대하여 검사가 공소제기·기소중지 및 기소유예의 결정을 한 경우에 한하여 지급한다.

③ 제1항에 따른 포상금을 2인 이상의 자가 함께 받게 되는 경우의 배분방법, 그 밖의 포상금의 지급방법 및 절차 등에 필요한 사항은 농림축산식품부령으로 정한다.

(별표 제8의3)

포상금 지급기준

구 분	포상금 지급기준(건당)
1. 법 제14조 제1항 본문 또는 법 제15조의2 제1항 본문을 위반하여 허가를 받지 아니하고 산지전용·산지일시사용을 하거나 거짓이나 그 밖의 부정한 방법으로 허가를 받아 산지전용·산지일시사용을 한 자를 신고 또는 고발한 경우	50만 원
2. 법 제15조 제1항 전단 또는 법 제15조의2 제2항 전단에 따라 신고를 하지 아니하고 산지전용·산지일시사용을 한 자를 신고 또는 고발한 경우	30만 원

3. 법 제25조 제1항 본문을 위반하여 토석채취허가를 받지 아니하고 토석을 굴취·채취하거나 거짓이나 그 밖의 부정한 방법으로 토석채취허가를 받아 토석을 굴취·채취한 자를 신고 또는 고발한 경우	50만 원

제3절 「산지관리법 시행규칙」의 규정

제50조의2(포상금의 지급) ① 시행령 제50조의2에 따라 포상금을 지급받으려는 자는 그 사건에 대하여 검사가 공소제기·기소중지 및 기소유예의 결정을 한 후에 별지 제44조의2 서식의 포상금지급신청서를 관할청(시·도지사 및 지방산림청장은 제외한다)에 제출하여야 한다.

② 관할청은 제1항에 따른 신청이 있는 때에는 그 사건에 관한 검사의 처분 내용을 조회한 후 포상금 지급 여부를 결정하고 이를 해당 신청인에게 통지하여야 한다.

③ 관할청은 제2항에 따라 포상금 지급을 결정한 때에는 그 날부터 2개월 이내에 해당 신청인에게 포상금을 지급하여야 한다.

④ 관할청은 하나의 사건에 대하여 신고 또는 고발한 자가 2명 이상인 경우에는 그 공로를 참작하여 포상금을 적절하게 배분하여 지급하여야 한다. 다만, 포상금을 지급받을 자가 배분방법에 관하여 미리 합의하여 포상금의 지급을 신청한 경우에는 그 합의된 방법에 따라 지급 한다.

신고포상금

(별표 제44조의2 서식)

포상금지급신청서

접수번호		접수일	처리일	처리기간 : 15일
신청인	성명		생년월일	
	주소		전화번호	
	지급계좌			
신고 또는 고발한 위반행위의 내용				
위반행위의 유형				
위반행위의 연월일		관련산지의 면적		㎡
위반행위의 장소				
사건처리결과				
포상금액				

「산지관리법」제46조의2, 같은 법 시행령 제50조의2 및 같은 법 시행규칙 제50조의2 제1항에 따라 위와 같이 포상금의 지급을 신청합니다.

년   월   일

신청인   (인)

시장 · 군수 · 구청장
지방산림청 국유림관리소장
국립수목원장, 국립산림품종관리센터장
국립산림과학원장, 국립자연휴양림관리소장 귀하

제42장 소나무재선충병 관련 신고

제1절 제도의 이해

「소나무재선충병 방제특례법」은 전염성이 강한 이 병의 확산을 조기에 막기 위해서 이를 발견한 모든 국민에게 신고의무를 부과하면서도 신고를 한 사람에게는 포상금을 지급하도록 규정하였다. 소나무재선충병이라고 함은 소나무재선충에 감염되어 소나무가 고사하는(말라 죽는) 병을 말한다. 소나무재선충병에 감염된 소나무의 이동제한 등 금지행위도 그 신고의 대상이다.

제2절 법률의 규정

제15조(포상금) 산림청장은 다음 각 호의 어느 하나에 해당하는 사람에게 대통령령으로 정하는 바에 따라 포상금을 지급할 수 있다.
   1. 제7조에 따라 재선충병 발생을 신고한 사람
   2. 제10조 제1항 및 제3항에 따른 소나무류의 이동제한 등의 위반행위를 신고한 사람
   3. 제10조의2 제1항에 따른 생산확인용 검인이 찍히지 아니하거

신고포상금

나 생산확인표를 붙이지 아니하고 이동하는 소나무류를 신고한 사람

4. 제13조 제4항을 위반한 소나무류 취급업체를 신고한 사람

제7조(신고 · 보고 및 진단) ① 재선충병에 감염된 것으로 의심되는 소나무류를 발견한 자는 산림청, 지방산림청, 지방산림청 국유림관리소, 특별시 · 광역시 · 특별자치시 · 도 및 특별자치도(이하 "시 · 도"라 한다), 시 · 군 · 구(자치구를 말한다), 읍 · 면 · 동사무소 등 인근 행정기관에 신속하게 신고하여야 한다.

② 제1항의 규정에 따라 신고를 받은 행정기관은 재선충병에 대한 보고 및 진단을 하여야 한다.

③ 재선충병의 신고 · 보고 및 진단에 관한 사항은 산림청장이 별도로 정한다.

제10조(소나무류의 이동제한 등) ① **반출금지구역**에서는 다음 각 호의 행위를 금지한다

1. 감염목 등인 입목의 이동

2. 훈증처리 후 6월이 경과되지 아니한 훈증처리목의 훼손 및 이동. 다만, 관계 공무원이 재선충이 죽은 것을 확인한 경우에는 그러하지 아니하다.

3. 감염목 등인 원목의 이동. 다만, 제11조의 규정에 따른 방제를 위해 대통령령이 정하는 사항은 그러하지 아니하다.

4. 산지전용허가지 등에서 생산되는 소나무류의 사업장 외 이동

5. 굴취(掘取)된 소나무류의 이동

☆ 반출금지구역 : 재선충병이 발병한 것으로 확인되면 시장 · 군수 · 구청장은 이 병의 방제 및 확산방지를 위하여 발생지

역으로부터 5킬로미터의 범위에서 소나무의 반출을 금지하는데, 이를 반출금지구역이라고 한다.

제10조의2(반출금지구역이 아닌 지역에서의 소나무류의 이동) ① 반출금지구역이 아닌 지역에서 생산된 소나무류를 이동하고자 하는 자는 농림축산식품부령이 정하는 바에 따라 산림청장 또는 시장·군수·구청장으로부터 생산확인용 검인을 받거나 생산확인표를 발급받아야 한다.

제13조(단속 등) ④ 누구든지 제10조 및 제10조의2를 위반한 소나무류를 취급하여서는 아니 된다.

제3절 「법 시행령」의 규정

제4조(포상금의 지급) ① 법 제15조에 따른 포상금은 <u>**200만 원의 범위**</u>에서 지급한다.

② 제1항에 따른 포상금의 지급기준·방법 및 절차 등에 관하여 필요한 사항은 산림청장이 정하여 고시한다.

* 산림청장이 정하여 고시한 내용은 산림청 홈페이지(www.forest.go.kr)에서 확인할 수 있다.

제43장 산림조합장 선거부정행위

　산림조합은 제132조에 규정된 죄(제134조 제4항의 과태료에 해당하는 죄를 포함한다)에 대하여 해당 조합 또는 조합선거관리위원회가 인지하기 전에 그 범죄행위를 신고한 자에게 정관으로 정하는 바에 따라 포상금을 지급할 수 있다(「산림조합법」제136조).
　제132조는 조합장의 선거에서 부정행위를 한 사람에 대한 벌칙을 규정하고 있다. 앞에서 검토한바 있는 농협조합장의 선거부정행위와 유사하다. 「산림조합법」의 검색은 ① 법제처 홈페이지(www.moleg.go.kr) → ② 국가법령 → ③ 검색어 "산림"으로 할 수 있다. 산림조합의 정관은 산림조합중앙회 홈페이지(www.nfcf.or.kr)에서 확인할 수 있다.

산업통상자원부

제44장 가짜석유 제조 · 판매

제1절 「석유 및 석유대체연료사업법」의 규정

제41조의2(포상금의 지급) ① 산업통상자원부장관은 제29조 제1항을 위반하여 가짜석유제품 제조 등의 위반행위를 한 자를 관계 행정기관이나 수사기관에 제보 또는 고발한 자에 대하여 예산의 범위에서 포상금을 지급할 수 있다.

② 제1항에 따라 포상금의 지급대상이 되는 위반행위, 포상금의 지급기준과 방법 등에 관하여 필요한 사항은 산업통상자원부령으로 정한다.

제2절 「법 시행규칙」의 규정

제47조의2(포상금의 지급대상 등) ① 법 제41조의2 제2항에 따른 포상금의 지급대상이 되는 위반행위는 다음 각 호의 어느 하나에 해당하는 행위로 한다.

1. 가짜석유제품을 제조하는 행위
2. 가짜석유제품을 판매하는 행위

신고포상금

② 법 제41조의2 제2항에 따른 포상금의 지급기준은 다음 각 호의 구분에 따른다. 이 경우 1인당 연간 지급되는 건수는 30건을 넘을 수 없다.
1. 제1항 제1호의 행위를 제보 또는 고발한 자 : **500만 원 이하**
2. 제1항 제2호의 행위를 제보 또는 고발한 자 : **50만 원 이하**

③ 제2항에 따른 포상금의 구체적인 지급기준과 지급방법에 관하여는 산업통상자원부장관이 정하여 고시한다.

* 포상금의 지급기준 및 지급방법 등에 관한 고시 내용은 산업통상자원부 홈페이지(www.motie.go.kr)에서 확인할 수 있다.

제45장 산업기술 해외유출 방지 등

제1절 산업기술의 정의

"산업기술"이라 함은 제품 또는 용역의 개발·생산·보급 및 사용에 필요한 제반 방법 내지 기술상의 정보 중에서 관계 중앙행정기관의 장이 소관 분야의 경쟁력 제고 등을 위하여 법률 또는 해당 법률에서 위임한 명령(대통령령·총리령·부령에 한정한다)에 따라 지정·고시·공고·인증하는 다음 각 목의 어느 하나에 해당하는 기술을 말한다.

  가. 「산업발전법」 제5조에 따른 첨단기술
  나. 「조세특례제한법」 제18조 제2항에 따른 고도기술
  다. 「산업기술혁신촉진법」 제15조의2에 따른 신기술
  라. 「전력기술관리법」 제6조의2에 따른 신기술
  마. 「부품·소재전문기업 등의 육성에 관한 특별조치법」 제19조에 따른 부품·소재기술
  바. 「환경기술 및 환경산업지원법」 제7조 제1항에 따른 신기술
  사. 그 밖의 법률 또는 해당 법률에서 위임한 명령에 따라 지정·고시·공고·인증하는 기술 "국가핵심기술"이라고 함은 국내외 시장에서 차지하는 기술적·경제적 가치가 높거나 관련 산업의 성장잠재력이 높아 해외로 유출될 경우에 국가의 안전보장 및

 신고포상금

국민경제의 발전에 중대한 악영향을 줄 우려가 있는 기술로서 제9조의 규정에 따라 지정된 산업기술을 말한다. 제9조는 산업통상자원부장관이 관계 중앙행정기관의 장으로부터 지정되어야 할 대상 기술을 통보받아 국가핵심기술을 지정·변경·해제를 하며, 이를 고시하도록 규정하였다.

제2절 「산업기술의 유출방지 및 보호에 관한 법률」의 규정

제21조(산업기술보호 포상 및 보호 등) ① 정부는 산업보안기술의 개발 등 산업기술의 유출방지 및 보호에 기여한 공이 큰 자 또는 이 법의 규정을 위반하여 산업기술을 해외로 유출한 사실을 신고한 자 등에 대하여 예산의 범위 내에서 포상 및 포상금을 지급할 수 있다.
② 정부는 이 법의 규정을 위반하여 산업기술을 해외로 유출한 사실을 신고한 자로부터 요청이 있는 경우에는 그에 대한 신변보호 등 필요한 조치를 취하여야 한다.
③ 정부는 산업보안기술의 개발 등 산업기술의 유출방지 및 보호에 기여한 공이 큰 외국인에 대하여 국내정착 및 국적취득을 지원할 수 있다.
④ 제1항 내지 제3항의 규정에 따른 포상·포상금 지급, 신변보호 등의 기준·방법 및 절차에 관하여 필요한 사항은 대통령령으로 정한다.

제14조(산업기술의 유출 및 침해행위 금지) 누구든지 다음 각 호의 어느 하나에 해당하는 행위를 하여서는 아니 된다.

1. **절취·기망**·협박 그 밖의 부정한 방법으로 대상 기관의 산업기술을 취득하는 행위 또는 그 취득한 산업기술을 사용하거나 공개(비밀을 유지하면서 특정인에게 알리는 것을 포함한다)하는 행위

☆ 절취(竊取)·기망(欺罔) : 절취는 훔치는 것을, 기망은 속이는 것을 각각 의미한다.

2. 제34조의 규정 또는 대상 기관과의 계약 등에 따라 산업기술에 대한 비밀유지의무가 있는 자가 부정한 이익을 얻거나 그 대상 기관에게 손해를 가할 목적으로 유출하거나 그 유출한 산업기술을 사용 또는 공개하거나 제3자가 사용하게 하는 행위

3. 제1호 또는 제2호의 규정에 해당하는 행위가 개입된 사실을 알고 그 산업기술을 취득·사용 및 공개하거나 산업기술을 취득한 후에 그 산업기술에 대하여 제1호 또는 제2호의 규정에 해당하는 행위가 개입된 사실을 알고 그 산업기술을 사용하거나 공개하는 행위

4. 제1호 또는 제2호의 규정에 해당하는 행위가 개입된 사실을 중대한 과실로 알지 못하고 그 산업기술을 취득·사용 및 공개하거나 산업기술을 취득한 후에 그 산업기술에 대하여 제1호 또는 제2호의 규정에 해당하는 행위가 개입된 사실을 중대한 과실로 알지 못하고 그 산업기술을 사용하거나 공개하는 행위

5. 제11조 제1항의 규정에 따른 승인을 얻지 아니하고 부정한 방법으로 승인을 얻어 국가핵심기술을 수출하는 행위

 신고포상금

6. 국가핵심기술을 외국에서 사용하거나 사용되게 할 목적으로 제11조의2 제1항 및 제2항에 따른 신고를 하지 아니하거나 거짓이나 그 밖의 부정한 방법으로 신고를 하고서 해외 인수·합병 등을 하는 행위
7. 제11조 제5항·제7항 및 제11조의2 제3항·제5항에 따른 산업통상자원부장관의 명령을 이행하지 아니하는 행위

제3절 「법 시행령」의 규정

제26조(산업기술보호 포상) ① 법 제21조 제1항에 따른 포상과 포상금 지급대상자는 공고를 통하여 신청한 자나 관련 기관의 추천을 받은 자 중에서 선정한다.
② 제1항에 따라 포상금지급대상자로 선정된 자에게는 **1억 원 이내**에서 산업통상자원부령으로 정하는 바에 따라 포상금을 지급한다.

제4절 「법 시행규칙」의 규정

제6조(포상금의 지급기준 등) ① 시행령 제26조 제2항에 따른 포상금의 지급기준은 별표와 같다.
② 하나의 사건에 관하여 신고한 자가 2명 이상이면 신고의 선후 및 구체성, 신고로 인한 공로 등을 고려하여 제1항에 따라 산정한

포상금을 적절하게 배분하여 지급한다. 다만, 포상금을 지급받을 자가 배분방법에 관하여 미리 합의하여 포상금의 지급을 신청하는 경우에는 그 합의된 방법에 따라 지급한다.

(별표)

포상금의 지급기준

포상금 지급대상	포상금액
1. 법 제14조 각 호(제4호를 제외한다)의 어느 하나에 해당하는 행위를 한 자로서 해당 산업기술을 해외로 유출한 자를 신고한 경우	1억 원 이하
2. 법 제14조 제4호에 해당하는 행위를 한 자로서 해당 산업기술을 해외로 유출한 자를 신고한 경우	3천만 원 이하
3. 산업보안기술의 개발 등 산업기술의 유출방지 및 보호에 기여한 공이 큰 경우	500만 원 이하

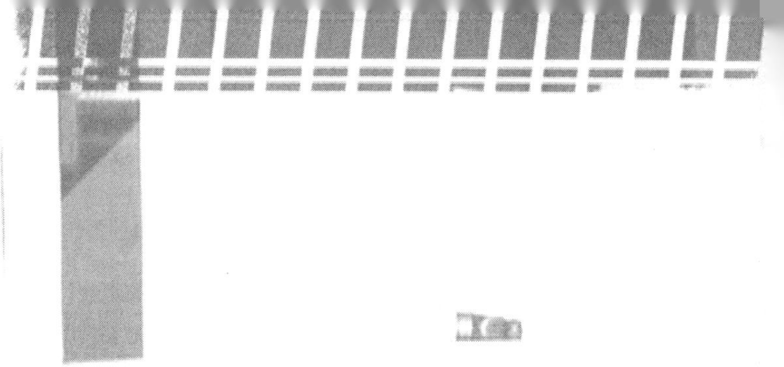

식품의약품안전처

제46장 건강기능식품 관련 금지행위

제1절 「건강기능식품에 관한 법률」의 규정

제40조(포상금 지급) ① 식품의약품안전처장 또는 특별자치시장 · 특별자치도지사 · 시장 · 군수 · 구청장은 제5조 제1항, 제6조 제1항 · 제2항 또는 제23조부터 제26조까지의 규정 중 어느 하나를 위반한 자를 행정관청이나 수사기관에 신고하거나 고발한 자에게 **1천만 원의 범위**에서 포상금을 지급할 수 있다.
② 제1항에 따른 포상금 지급의 기준 · 방법 및 절차 등에 관하여 필요한 사항은 대통령령으로 정한다.

제5조(영업의 허가) ① 제4조 제1항 제1호에 따른 건강기능식품제조업을 하려는 자는 총리령으로 정하는 바에 따라 영업소별로 제4조에 따른 시설을 갖추고 식품의약품안전처장의 허가를 받아야 한다. 대통령령으로 정하는 사항을 변경하려는 경우에도 또한 같다.

제6조(영업의 신고 등) ① 제4조 제1항 제2호에 따른 건강기능식품수입업을 하려는 자는 총리령으로 정하는 바에 따라 영업소별로 제4조에 따른 시설을 갖추고 영업소의 소재지를 관할하는 특별자치시장 · 특별자치도지사 · 시장 · 군수 · 구청장에게 신고하여야 한다.

 신고포상금

② 제4조 제1항 제3호에 따른 건강보조식품판매업을 하려는 자는 총리령이 정하는 바에 따라 영업소별로 제4조에 따른 시설을 갖추고 영업소의 소재지를 관할하는 특별자치시장·특별자치도지사·시장·군수·구청장에게 신고하여야 한다. 다만,「약사법」제20조에 따라 개설등록한 약국에서 건강기능식품을 판매하는 경우에는 그러하지 아니하다.

제23조(위해 건강기능식품 등의 판매 등의 금지) 누구든지 다음 각 호의 어느 하나에 해당하는 건강기능식품을 판매하거나 판매할 목적으로 제조·수입·사용·저장 또는 운반하거나 진열하여서는 아니 된다.

1. 썩었거나 상한 것으로서 인체의 건강을 해칠 우려가 있는 것
2. 유독·유해물질이 들어있거나 묻어있는 것 또는 그럴 가능성이 있는 것. 다만, 인체의 건강을 해칠 우려가 없다고 식품의약품안전처장이 인정하는 것은 예외로 한다.
3. 병을 일으키는 미생물에 오염되었거나 그럴 가능성이 있어 인체의 건강을 해칠 우려가 있는 것
4. 불결하거나 다른 물질이 섞이거나 첨가된 것 또는 그 밖의 사유로 인체의 건강을 해칠우려가 있는 것
5. 제5조 제1항에 따른 영업허가를 받지 아니한 자가 제조한 것
6. 수입이 금지된 것 또는 제8조에 따른 수입신고를 아니하고 수입한 것

제24조(기준·규격위반 건강기능식품의 판매 등의 금지) ① 영업자는 제14조 제1항 및 제2항에 따라 기준과 규격이 정하여진 건강기능식품을 그 기준에 따라 제조·사용·보존하여야 하며, 그 기준

과 규격에 맞지 아니하는 건강기능식품을 판매하거나 판매할 목적으로 제조·수입·사용·저장·운반·보존 또는 진열하여서는 아니 된다.

② 영업자는 다음 각 호의 어느 하나에 해당하는 행위를 하여서는 아니 된다.

1. 의약품의 용도로만 사용되는 원료를 사용하여 건강기능식품을 제조하는 행위
2. 배합·혼합비율·함량이 의약품과 같거나 유사한 건강기능식품을 제조하는 행위
3. 제1호 또는 제2호에 따라 제조된 건강기능식품을 수입·판매 또는 진열하는 행위

제25조(표시기준위반 건강기능식품의 판매 등의 금지) 영업자는 제17조에 따른 표시기준을 위반한 건강기능식품을 판매하거나 판매할 목적으로 제조·수입·진열·운반 또는 사용하여서는 아니 된다.

제26조(유사표시 등의 금지) 건강기능식품이 아닌 것은 그 용기·포장에 인체의 구조 및 기능에 대한 식품영양학적·생리학적 기능 및 작용 등이 있는 것으로 오인될 우려가 있는 표시를 하거나 이와 같은 내용의 광고를 하여서는 아니 되며, 이와 같은 건강기능식품과 유사하게 표시되거나 광고되는 것을 판매하거나 판매할 목적으로 저장 또는 진열하여서는 아니 된다.

신고포상금

제2절 「법 시행령」의 규정

제19조의2(포상금 지급) ① 법 제40조 제1항에 따라 법 제5조 제1항, 법 제6조 제1항·제2항, 법 제23조부터 제26조까지의 규정 등을 위반한 자를 신고하려는 사람은 식품의약품안전처장이 정하여 고시하는 바에 따라 식품의약품안전처장 또는 시장·군수·구청장에게 신고하여야 한다.
② 법 제40조 제1항에 따라 고발을 받은 수사기관은 지체 없이 그 사실을 식품의약품안전처장 또는 시장·군수·구청장에게 알려야 한자. 다만, 해당 수사기관이 고발 내용이 명백히 거짓이거나 신문, 방송 등 언론매체에 이미 공개된 내용인 경우 등 식품의약품안전처장 또는 시장·군수·구청장에게 알릴 필요가 없다고 인정하는 경우에는 그러하지 아니하다.
③ 식품의약품안전처장 또는 시장·군수·구청장은 제1항과 제2항에 따라 신고나 통보를 받으면 그 내용을 확인한 후 포상금 지급 여부를 결정하고, 이를 신고인 또는 고발인에게 알려야 한다.
④ 제3항에 따라 포상금 지급결정을 통보받은 신고인 또는 고발인은 식품의약품안전처장이 정하여 고시하는 바에 따라 식품의약품안전처장 또는 시장·군수·구청장에게 포상금 지급을 신청하여야 한다.
⑤ 식품의약품안전처장 또는 시장·군수·구청장은 제4항에 따라 포상금지급신청을 한 날부터 1개월 이내에 신고인 또는 고발인에게 포상금을 지급하여야 한다.
⑥ 제5항에 따른 포상금의 지급액은 다음 각 호의 금액의 범위에

서 식품의약품안전처장이 정하여 고시하는 금액으로 한다.
1. 법 제5조 제1항 또는 법 제23조의 위반행위를 신고하거나 고발한 경우 : **50만 원**
2. 법 제6조 제1항·제2항, 법 제24조 제1항, 법 제25조 또는 법 제26조의 위반행위를 신고하거나 고발한 경우 : **20만 원**
3. 법 제24조 제2항·제3항의 위반행위를 신고하거나 고발한 경우 : **1천만 원**

⑦ 법 제40조 제1항에 따른 신고 또는 고발이 있은 후에 같은 위반행위에 대하여 같은 내용의 신고 또는 고발을 한 사람에 대하여는 포상금을 지급하지 아니하며, 2명 이상이 공동명의로 신고 또는 고발을 하는 경우에는 대표자를 지정하여야 하고, 그 대표자에게 포상금을 지급한다.

⑧ 제1항부터 제7항까지에서 규정한 사항 외에 포상금의 지급기준과 방법·절차 등에 관하여 필요한 사항은 식품의약품안전처장이 정하여 고시한다.

* 고시한 내용은 식품의약품안전처의 홈페이지(www.mfds.go.kr)에서 확인이 가능하다.

제47장 식품위생법 위반행위

제1절 「식품위생법」의 규정

제90조(포상금의 지급) ① 식품의약품안전처장, 시·도지사 또는 시장·군수·구청장은 이 법에 위반되는 행위를 신고한 자에게 신고 내용별로 **1천만 원**까지 포상금을 줄 수 있다.

② 제1항에 따른 포상금 지급의 기준·방법 및 절차 등에 관하여 필요한 사항은 대통령령으로 정한다.

제93조(벌칙) ① 다음 각 호의 어느 하나에 해당하는 질병에 걸린 동물을 사용하여 판매할 목적으로 식품 또는 식품첨가물을 제조·가공·수입 또는 조리한 자는 3년 이상의 징역에 처한다.

1. **소해면상뇌증**

☆ 소해면상뇌증 : 광우병(狂牛病)을 뜻한다.

2. **탄저병**

☆ 탄저병 : 주로 초식동물에 나타나는 급성·감염성·열성의 질병이라고 한다.

3. **가금 인플루엔자**

☆ 가금 인플루엔자 : 이른바 조류독감(AI)이라고 불리어지는 것을 뜻한다.

② 다음 각 호의 어느 하나에 해당하는 원료 또는 성분 등을 사용하여 판매할 목적으로 식품 또는 첨가물을 제조 · 가공 · 수입 또는 조리한 자는 1년 이상의 징역에 처한다.

1. **마황(麻黃)**
☆ 마황 : 마황은 중국 북부지역과 몽골 등지의 모래땅에서 자라는 식물이라고 하며, 우리나라에서는 다이어트에 효능이 있다고 알려진 약제라고 한다.

2. **부자(附子)**
3. **천오(川烏)**
☆ 부자 · 천오 : 한약제. 바꽃의 뿌리라고 한다.

4. **초오(草烏)**
☆ 초오 : 덩이뿌리가 약제로 쓰이며, 맹독이 있다고 한다.

5. **백부자(白附子)**
☆ 백부자 : 미나리과의 여러해살이 식물로서 독성이 있는 약재라고 한다.

6. **섬수(蟾수)**
☆ 섬수 : 두꺼비의 귀밑에 있는 샘에서 분비되는 끈적한 독성분이라고 한다.

7. **백선피(白鮮皮)**
☆ 백선피 : 백선이라고 하는 식물의 껍질로서 황달 등에 쓰이는 한약재라고 한다.

8. **사리풀**
☆ 사리풀 : 가지과에 속하는 한 두 해살이 풀로서 한약재라고 한다.

신고포상금

제2절 「식품위생법 시행령」의 규정

제63조(포상금의 지급기준) ① 법 제90조 제1항에 따라 포상금을 지급하는 경우 그 기준은 다음 각 호와 같다.
1. 법 제93조를 위반한 자를 신고한 경우 : **1천만 원 이하**
2. 법 제4조부터 제6조(법 제88조에서 준용하는 경우를 포함한다)까지, 제8조(법 제88조에서 준용하는 경우를 포함한다) 또는 제37조 제1항을 위반한 자를 신고한 경우 : **30만 원 이하**
3. 법 제7조 제4항(법 제88조에서 준용하는 경우를 포함한다), 제9조 제4항(법 제88조에서 준용하는 경우를 포함한다), 제19조 제1항, 제37조 제5항, 제44조 제1항·제2항을 위반한 자 또는 법 제75조 제1항에 따른 영업정지명령을 위반하여 영업을 계속한 자를 신고한 경우 : **20만 원 이하**
4. 법 제13조, 제37조 제3항, 제42조 제1항을 위반한 자 또는 법 제76조 제1항에 따른 품목제조정지명령을 위반한 자를 신고한 경우 : **10만 원 이하**
5. 법 제40조 제3항 또는 제88조 제1항을 위반한 자를 신고한 경우 : **5만 원 이하**
6. 제1호부터 제5호까지의 규정 외에 법을 위반한 자 중 위생상 위해발생 우려가 있는 위반사항을 신고한 경우 : **3만 원 이하**
② 제1항에 다른 포상금의 세부적인 지급대상, 지급금액, 지급방법 및 지급절차 등은 식품의약품안전처장이 정하여 고시한다.

제48장 축산물 위생관리 위반행위

제1절 「축산물 위생관리법」의 규정

제39조(포상금) 식품의약품안전처장은 제4조 제5항·제6항, 제7조 제1항·제5항, 제10조, 제22조 제1항, 제24조 제1항 또는 제33조 제1항을 위반하거나 제12조 제1항에 따른 검사를 받지 아니한 식육을 가공·포장·사용·보관·운반·진열 또는 판매한 자를 관계 행정기관 또는 수사기관에 신고 또는 고발하거나 검거한 사람 및 검거에 협조한 사람에게 대통령령으로 정하는 바에 따라 포상금을 지급할 수 있다.

제4조(축산물의 기준 및 규격) ① 가축의 도살·처리 및 집유(集乳)의 기준은 총리령으로 정한다.

② 식품의약품안전처장은 공중위생상 필요한 경우 다음 각 호의 사항을 정하여 고시할 수 있다.

1. 축산물의 가공·포장·보존 및 유통의 방법에 관한 기준(이하 "가공기준"이라 한다)

2. 축산물의 성분에 관한 규격(이하 "성분규격"이라 한다)

3. 축산물의 위생등급에 관한 기준

③ 식품의약품안전처장은 가공기준 및 성분규격이 정하여지지

신고포상금

아니한 축산물에 대하여는 그 축산물가공업의 영업자로 하여금 가공기준 및 성분규격을 제출하도록 하여「식품의약품분야 시험 · 검사 등에 관한 법률」제6조 제2항 제2호에 따른 축산물시험검사기관의 검토를 거쳐 그 가공기준 및 성분규격을 제2항에 따른 고시 전까지 한시적으로 인정할 수 있다.

⑤ 가축의 도살 · 처리, 집유와 축산물의 가공 · 포장 · 보존 · 유통은 제1항부터 제3항까지의 규정에 따른 기준, 가공기준 및 성분규격에 따라야 한다. 판매를 목적으로 수입하는 축산물의 경우에도 같다.

⑥ 제1항부터 제3항까지의 기준에 따른 기준, 가공기준 및 성분규격에 맞지 아니하는 축산물은 판매하거나 판매할 목적으로 보관 · 운반 또는 진열하여서는 아니 된다.

제7조(가축의 도살 등) ① 가축의 도살 · 처리 · 집유, 축산물의 가공 · 포장 및 보관은 제22조 제1항에 따라 허가를 받은 작업장에서 하여야 한다. 다만, 다음 각 호의 어느 하나에 해당하는 경우에는 그러하지 아니하다.

1. 학술연구용으로 사용하기 위하여 도살 · 처리하는 경우
2. 특별시장 · 광역시장 · 특별자치시장 · 도지사 또는 특별자치도지사(이하 "시 · 도지사"라 한다)가 소와 말을 제외한 가축의 종류별로 정하여 고시하는 지역에서 그 가축을 자가소비(自家消費)하기 위하여 도살 · 처리하는 경우
3. 시 · 도지사가 소 · 말 · 돼지 및 양을 제외한 가축의 종류별로 정하여 고시하는 지역에서 그 가축을 소유자가 해당 지역에서 소비자에게 직접 조리하여 판매하기 위하여 도살 · 처리하는

경우

⑤ 제1항 각 호 외의 부분 본문에도 불구하고 부상 등 대통령령으로 정하는 경우를 제외한 기립불능(起立不能) 가축은 도살·처리하여 식용으로 사용하거나 판매하여서는 아니 된다.

제10조(부정행위의 금지) 누구든지 가축에게 강제로 물을 먹이거나 식육에 물을 주입하는 등 부정한 방법으로 중량 또는 용량을 늘리는 행위를 하여서는 아니 된다.

제12조(축산물의 검사) ① 제21조 제1항에 따른 도축업의 영업자는 작업장에서 처리하는 식육에 대하여 검사관의 검사를 받아야 한다.

제22조(영업의 허가) ① 제21조 제1항 제1호부터 제3호까지의 규정에 따른 도축업·집유업 또는 축산물가공업의 영업을 하려는 자는 총리령이 정하는 바에 따라 작업장별로 시·도지사의 허가를 받아야 하고, 같은 항 제4호에 따른 식육포장처리업 또는 같은 항 제5호에 따른 축산물보관업의 영업을 하려는 자는 총리령이 정하는 바에 따라 작업장별로 특별자치도지사·시장·군수·구청장의 허가를 받아야 한다.

제24조(영업의 신고) ① 제21조 제1항 제6호부터 제8호까지의 규정에 의한 영업을 하려는 자는 총리령이 정하는 바에 따라 제21조 제1항에 따른 시설을 갖추고 특별자치도지사·시장·군수·구청장에게 신고하여야 한다. 다만, 제21조 제1항 제7호의 축산물판매업 중 축산물을 수입하여 판매하는 영업을 하려는 자는 제21조 제1항에 따른 시설을 갖추고 식품의약품안전처장에게 신고하여야 한다.

제33조(판매 등의 금지) ① 다음 각 호의 어느 하나에 해다하는 축산물

신고포상금

은 판매하거나 판매할 목적으로 처리·가공·포장·사용·수입·보관·운반 또는 진열하지 못한다. 다만, 식품의약품안전처장이 정하는 기준에 적합한 경우에는 그러하지 아니하다.
1. 썩었거나 상한 것으로서 인체의 건강을 해칠 우려가 있는 것
2. 유독·유해물질이 들어 있거나 묻어 있는 것 또는 그 우려가 있는 것
3. 병원성미생물에 의하여 오염되었거나 그 우려가 있는 것
4. 불결하거나 다른 물질이 혼입(混入) 또는 첨가되었거나 그 밖의 사유로 인체의 건강을 해칠 우려가 있는 것
5. 수입이 금지된 것을 수입하거나 제15조 제1항에 따라 수입신고를 하여야 하는 경우에 신고하지 아니하고 수입한 것
6. 제16조에 따른 합격표시가 되어 있지 아니한 것
7. 제22조 제1항 및 제2항에 따라 허가를 받아야 하는 경우 또는 제24조 제1항에 따라 신고를 하여야 하는 경우에 허가를 받지 아니하거나 신고를 하지 아니한 자가 처리·가공 또는 제조한 것
8. 해당 축산물에 표시된 유통기한이 지난 축산물
9. 제33조의2 제2항에 따라 판매 등이 금지된 것

제2절 「축산물 위생관리법 시행령」의 규정

제30조(포상금의 지급) ① 법 제39조에 따른 포상금의 지급기준은 별표 3의2와 같다.
② 포상금의 지급방법 및 절차 등에 관하여 필요한 사항은 총리령으로 정한다.

(별표 3의2)

포상금의 지급기준

포상금의 지급 대상자	포상금액
1. 법 제4조 제5항을 위반하여 가축을 도살·처리하거나 집유한 자 또는 축산물을 가공한 자를 신고·고발하거나 검거한 자 및 검거에 협조한 자(이하 "신고자등"이라 한다)	20만 원 이하
2. 법 제7조 제1항을 위반하여 도축장이 아닌 곳에서 가축을 도살·처리한 자 또는 법 제7조 제5항을 위반하여 기립불능 가축을 도살·처리하여 식용으로 사용하거나 판매한 자에 대한 신고자등	식품의약품안전처장이 고시하는 바에 따른 해당 가축의 시가(이하 "시가"라 한다)
3. 법 제10조를 위반하여 가축에게 강제로 물을 먹이는 등 부정한 방법으로 중량 또는 용량을 늘리는 행위를 한 자에 대한 신고자등	해당 가축의 시가의 2분의1에 해당하는 금액
4. 법 제12조 제1항에 따른 검사를 받지 아니한 식육을 판매하거나 판매할 목적으로 처리·가공·사용·보관·운반·보관 또는 진열한 자에 대한 신고자등	관할 특별자치도지사·시장·군수·구청장이 인정하는 해당 식육의 소비자가격의 2분의1에 해당하는 금액
5. 법 제22조 제1항을 위반하여 영업의 허가를 받지 아니하고 영업을 하거나 법 제33조 제1항을 위반하여 축산물을 판매하거나 판매할 목적으로 처리·가공·포장·사용·수입·보관·운반 또는 진열한 자에 대한 신고자등	50만 원 이하
6. 법 제24조 제1항을 위반하여 영업의 신고를 하지 아니하고 영업을 한 자에 대한 신고자등	10만 원 이하

 신고포상금

제3절 「축산물위생관리법 시행규칙」의 규정

제57조(포상금의 지급방법 등) ① 법 제39조의 포상금을 지급받으려는 사람은 신고 또는 고발사건에 관하여 공소제기·기소중지 또는 기소유예의 결정이 있은 후에 별지 제37호 서식의 포상금 지급신청서를 시·도지사를 거쳐 관할 지방식품의약품안전처장(가축의 도살처리 및 집유와 관련한 위반행위를 하거나 가축에 대한 부정행위를 한 자를 신고·고발 또는 검거한 사람 및 검거에 협조한 사람의 경우에는 농림축산검역본부장을 말한다)에게 제출하여야 한다.

② 하나의 사건에 대하여 신고 또는 고발한 사람이 2명 이상인 경우와 검거 또는 검거에 협조한 사람이 2명 이상인 경우에는 시·도지사는 그 공로 등을 고려하여 배분액 또는 배분비율을 제1항의 포상금 지급신청서에 적어 제출하여야 한다. 다만, 포상금을 지급받을 사람이 배분방법에 관하여 미리 합의하여 포상금을 지급신청하는 경우에는 합의된 방법에 따라 포상금을 지급한다.

식품의약품안전처

(제37호 서식)

포상금 지급신청서

접수번호		접수일자		처리기간 시·도 : 7일 식품의약품안전처·농림축산검역본부장 : 7일	
신청인	성명			주민등록번호	
	주소			전화번호	
신청내용	방법·행위 유형			수량	
	행위연월일			행위장소	
	조치사항				
	행위금액				
포상금 배분액 또는 배분비율					

「축산물위생관리법」 제39조 및 같은 법 시행규칙 제57조에 따라 위와 같이 포상금 지급을 신청합니다.

년   월   일

신청인   (인)

식품의약품안전처장·농림축산검역본부장 귀하

여성가족부

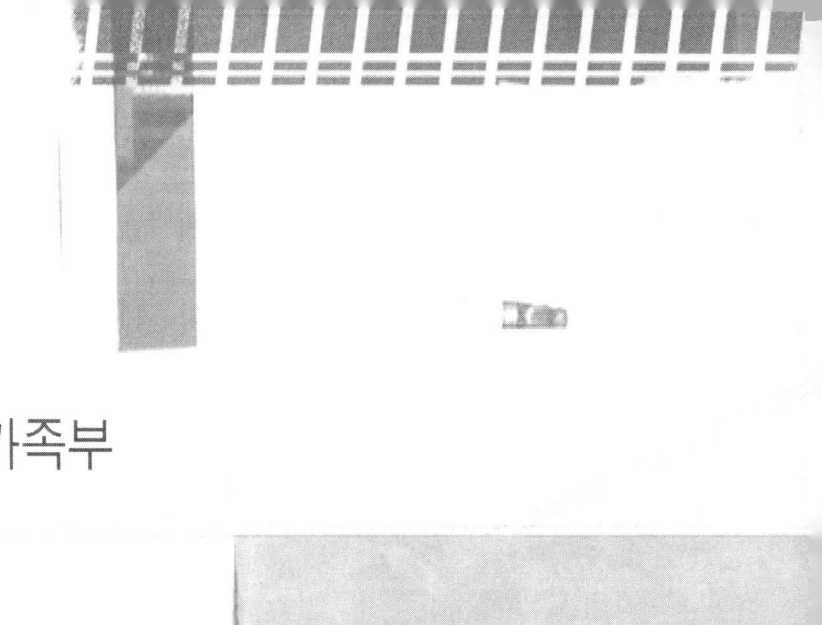

제49장 아동·청소년 상대 성매매등 범죄행위

제1절 제도의 취지

「아동·청소년의 성보호에 관한 법률」은 19세가 되지 아니한 청소년과 장애인을 성범죄로부터 보호하는 것을 그 주된 목적으로 한다. 포상금이 지급될 수 있는 범죄행위가 여러 가지이다. 신고대상이 되는 범죄행위를 모두 소개한다.

제2절 법률의 규정

제59조(포상금) ① 여성가족부장관은 제8조 및 제13조부터 제15조까지에 해당하는 범죄를 저지른 사람을 수사기관에 신고한 사람에 대하여는 예산의 범위에서 포상금을 지급할 수 있다.
② 제1항에 따른 포상금의 지급기준, 방법과 절차 및 구체적인 지급액 등에 필요한 사항은 대통령령으로 정한다.

제8조(장애인인 아동·청소년에 대한 간음 등) ① 19세 이상의 사람이 장애 아동·청소년(「장애인복지법」 제2조 제1항에 다른 장애인으로

 신고포상금

서 신체적인 또는 정신적인 장애로 사물을 **변별(辨別)**하거나 의사를 결정할 능력이 부족한 13세 이상의 아동·청소년을 말한다. 이하 이 조에서 같다)을 간음하거나 장애 아동·청소년으로 하여금 다른 사람을 간음하게 하는 경우에는 3년 이상의 유기징역에 처한다.

☆ 변별 : 옳고 그름을 판단함

② 19세 이상의 사람이 장애 아동·청소년을 추행한 경우 또는 장애 아동·청소년으로 하여금 다른 사람을 추행하게 하는 경우에는 10년 이하의 징역 또는 1천 500만 원 이하의 벌금에 처한다.

제13조(아동·청소년의 성을 사는 행위 등) ① 아동·청소년의 성을 사는 행위를 한 자는 1년 이상 10년 이하의 징역 또는 2천만 원 이상 5천만 원 이하의 벌금에 처한다.

② 아동·청소년의 성을 사기 위하여 아동·청소년을 유인하거나 성을 팔도록 권유한 자는 1년 이하의 징역 또는 1천만 원 이하의 벌금에 처한다.

제14조(아동·청소년에 대한 강요행위 등) ① 다음 각 호의 어느 하나에 해당하는 행위를 한 자는 5년 이하의 유기징역에 처한다.

1. 폭행이나 협박으로 아동·청소년으로 하여금 아동·청소년의 성을 사는 행위의 상대방이 되게 한 자

2. 선불금(先拂金), 그 밖의 채무를 이용하는 등의 방법으로 아동·청소년을 곤경에 빠뜨리거나 **위계 또는 위력**으로 아동·청소년으로 하여금 아동·청소년의 성을 사는 행위의 상대방이 되게 한 자

☆ 위계(僞計)·위력(威力) : 위계는 거짓으로 속이는 것을, 위력은 힘으로 제압하는 것을 뜻한다.

여성가족부

3. 업무·고용이나 그 밖의 관계로 자신의 보호 또는 감독을 받는 것을 이용하여 아동·청소년으로 하여금 아동·청소년의 성을 사는 행위의 상대방이 되게 한 자

4. 영업으로 아동·청소년을 아동·청소년의 성을 사는 행위의 상대방이 되도록 유인·권유한 자

② 제1항 제1호부터 제3호까지의 죄를 범한 자가 그 대가의 전부 또는 일부를 받거나 이를 요구 또는 약속한 때에는 7년 이상이 유기징역에 처한다.

③ 아동·청소년의 성을 사는 행위의 상대방이 되도록 유인·권유한 자는 7년 이하의 징역 또는 5천만 원 이하의 벌금에 처한다.

④ 제1항과 제2항의 **미수범**은 처벌한다.

☆ 미수범 : 범죄의 실행행위에 착수는 하였으나 어떤 사정으로 범죄를 완성하지는 못한 경우를 말한다.

제15조(알선영업행위 등) ① 다음 각 호의 어느 하나에 해당하는 자는 7년 이상의 유기징역에 처한다.

1. 아동·청소년의 성을 사는 행위의 장소를 제공하는 행위를 업으로 하는 자

2. 아동·청소년의 성을 사는 행위를 알선하거나 정보통신망에서 알선정보를 제공하는 행위를 업으로 하는 자

3. 제1호 또는 제2호의 범죄에 사용되는 사실을 알면서 자금·토지 또는 건물을 제공한 자

4. 영업으로 아동·청소년의 성을 사는 행위의 장소를 제공·**알선**하는 업소에 아동·청소년을 고용하도록 한 자

☆ 알선(斡旋) : 다른 사람의 일이 잘 되도록 돕는 행위. 주선과 유

신고포상금

사한 의미이다.
② 다음 각 호의 어느 하나에 해당하는 자는 7년 이하의 징역 또는 5천만 원 이하의 벌금에 처한다.
1. 영업으로 아동·청소년의 성을 사는 행위를 하도록 유인·권유 또는 강요한 자
2. 아동·청소년의 성을 사는 행위의 장소를 제공한 자
3. 아동·청소년의 성을 사는 행위를 알선하거나 정보통신망에서 알선정보를 제공한 자
4. 영업으로 제2호 또는 제3호의 행위를 약속한 자
③ 아동·청소년의 성을 사는 행위를 하도록 유인·권유 또는 강요한 자는 5년 이하의 징역 또는 3천만 원 이하의 벌금에 처한다.

제3절 「법 시행령」의 규정

제29조(포상금의 지급기준) ① 법 제59조에 따른 신고(고소·고발을 포함한다. 이하 같다)에 대한 포상금은 범죄를 저지른 것으로 신고된 사람이 해당 범죄로 기소되거나 기소유예처분을 받은 경우에 지급한다.
② 제1항에도 불구하고 다음 각 호의 어느 하나에 해당하는 경우에는 포상금을 지급하지 아니한다.
1. 법 제34조 제2항에 따라 수사기관에 신고할 의무가 있는 사람이 신고한 경우
2. 법 제59조 제1항에 따른 신고 대상 범죄의 실행과 관련된 사람

이 신고하는 등 포상금을 지급하는 것이 적절하지 않다고 인정되는 경우

3. 범죄의 단속사무에 종사하는 공무원이 직무와 관련하여 신고한 경우

제30조(포상금의 지급절차) ① 제29조의 포상금을 지급받으려는 사람은 포상금 지급사유의 발생을 안 날부터 1년 이내에 여성가족부령으로 정하는 바에 따라 포상금지급신청서를 여성가족부장관에게 제출하여야 한다.

② 여성가족부장관은 포상금을 지급할 때에는 여성가족부령으로 정하는 바에 따라 포상금지급조서 및 지급대장을 작성하여야 한다.

제31조(포상금의 지급액 등) ① 제29조에 따른 포상금은 예산의 범위에서 100만 원 이내로 하되, 그 세부적인 지급액은 여성가족부령으로 정한다.

② 제1항에도 불구하고 신고자가 해당 범죄의 신고와 관련하여 「성매매알선 등 행위의 처벌에 관한 법률」 제28조에 따른 보상금 또는 「청소년보호법」 제49조에 따른 포상금을 지급받은 경우에는 다음 각 호의 구분에 따라 지급한다.

1. 지급받은 금액이 제1항에 따른 포상금보다 큰 경우 : 포상금을 지급하지 아니한다.

2. 지급받은 금액이 제1항에 따른 포상금보다 적은 경우 : 지급받은 금액을 빼고 지급한다.

신고포상금

제4절 「법 시행규칙」의 규정

제9조(포상금의 지급신청 및 절차) ① 시행령 제30조 제1항에 따른 포상금 지급의 신청은 별지 제12호 서식에 다음 각 호의 서류를 첨부하여야 한다.

1. 해당 신고사건의 처리결과(기소, 기소유예)를 증명할 수 있는 서류
2. 계좌번호가 표시된 통장 사본

제10조(포상금의 지급액 등) 시행령 제31조 제1항에 따른 포상금의 세부적인 지급액은 다음 각 호의 구분과 같다.

1. 법 제13조의 범죄 : **70만 원**
2. 법 제8조, 제14조 및 제15조의 범죄 : **100만 원**

제11조(신고인의 보호) 포상금의 지급업무와 관련된 공무원은 포상금의 지급 외의 목적으로 신고인의 인적사항 등 신고인에 관한 정보를 사용하거나 누설하지 아니하도록 하여야 한다.

여성가족부

(별지 제12호 서식)

포상금 지급신청서

접수번호		접수일	처리일		처리기간 : 45일
신청인	성명		주민등록번호		
	주소 · 전화번호				
	직업(직위)				
신고개요					
신고대상 범죄의 해당 조문 (법 제8조 또는 제13조부터 제15조까지의 범죄신고에 해당하는 경우에만 포상금을 지급합니다)					
해당 신고사건의 처리결과 (기소 또는 기소유예의 경우에만 포상금을 지급합니다)					
포상금 지급 제한사유가 있는지 여부 (법 제34조 제2항에 따라 신고의무가 있는 자, 신고대상 범죄의 실행과 관련이 있는 자, 범죄의 단속사무에 종사하는 공무원 등은 지급대상에서 제외됩니다)					
해당 범죄의 신고와 관련하여 다른 법령에 따른 보상금, 포상금을 지급받은 사실이 있는지 여부					

「아동 · 청소년의 성보호에 관한 법률」 제59조, 같은 법 시행령 제30조 및 같은 법 시행규칙 제9조 제1항에 따라 위와 같이 포상금 지급을 신청합니다.

년   월   일

신청인   (인)

여성가족부장관 귀하

제50장 청소년보호법 위반행위

제1절 제도의 이해

「청소년보호법」은 신고자에 대한 포상제도에 관하여 특별한 방식을 선택하였다. 법률에서는 일정한 행위(「청소년보호법」을 위반하는 모든 범죄행위)를 신고포상의 대상으로 하면서도 그 구체적인 시책은 각 지방자치단체(기초단체)의 장이 수립하여 시행하도록 하였다. 따라서 신고절차 및 포상금의 액수 등에 관하여는 일률적으로 설명할 수가 없다. 여기에서는 신고대상이 되는 행위만을 소개한다. 여성가족부에서는 이 법률의 주관을 청소년매체환경과에서 하고 있다. 결국 각 기초단체별 홈페이지 등을 이용하여 구체적인 내용을 별도로 확인할 필요가 있다. "청소년"은 19세가 되지 아니한 사람을 말한다.

이 법이 규정하는 "청소년유해매체물"은 다음의 것을 말한다.

    가. 청소년보호위원회가 청소년에게 유해한 것으로 결정하거나 확인하여 여성가족부장관이 고시한 매체물

    나. 각 심의기관이 청소년에게 유해한 것으로 심의하거나 확인하여 여성가족부장관이 고시한 매체물

이 법이 규정하는 "청소년유해약물"은 주류, 담배, 마약류, 환각물질, 그 밖에 청소년보호위원회가 결정하고 여성가족부장관이 고시한

것을 말한다.

제2절 「청소년보호법」의 규정

제49조(신고) ① 다음 각 호의 어느 하나에 해당하는 경우에는 누구든지 그 사실을 시장·군수·구청장에게 신고하여야 한다.
  1. 청소년에게 유해하다고 생각되는 매체물과 약물 등이 청소년에게 유통되고 있는 것을 발견하였을 때
  2. 청소년에게 유해한 업소에 청소년이 고용되어 있거나 출입하고 있는 것을 발견하였을 때
  3. 그 밖에 이 법을 위반하는 사실이 있다고 인정할 때
  ② 시장·군수·구청장은 제1항에 따른 신고의 활성화를 위하여 필요한 시책을 시행하여야 하며, 필요한 경우 신고자포상을 할 수 있다.

제30조(청소년유해행위의 금지) 누구든지 청소년에게 다음 각 호의 어느 하나에 해당하는 행위를 하여서는 아니 된다.
  1. 영리를 목적으로 청소년으로 하여금 신체적인 접촉 또는 은밀한 부분의 노출 등 성적 접대행위를 하게 하거나 이러한 행위를 알선·매개하는 행위
  2. 영리를 목적으로 청소년으로 하여금 손님과 함께 술을 마시거나 노래 또는 춤 등으로 손님의 유흥을 돋우는 접객행위를 하게 하거나 이러한 행위를 알선·매개하는 행위
  3. 영리나 흥행을 목적으로 청소년에게 음란한 행위를 하게 하는

신고포상금

행위
4. 영리나 흥행을 목적으로 청소년의 장애나 기형 등의 모습을 일반인들에게 관람시키는 행위
5. 청소년에게 구걸을 시키거나 청소년을 이용하여 구걸하는 행위
6. 청소년을 학대하는 행위
* 제1호부터 제6호까지의 벌칙은 제55조 내지 제57조에서 규정하였다.
7. 영리를 목적으로 청소년으로 하여금 거리에서 손님을 유인하는 행위를 하게 하는 행위
8. 청소년을 남녀 혼숙하게 하는 등 풍기를 문란하게 하는 영업행위를 하거나 이를 목적으로 장소를 제공하는 행위
9. 주로 차 종류를 조리·판매하는 업소에서 청소년으로 하여금 영업장을 벗어나 차 종류를 배달하는 행위를 하게 하거나 이를 조장하거나 묵인하는 해위

제58조(벌칙) 다음 각 호의 어느 하나에 해당하는 자는 3년 이하의 징역 또는 2천만 원 이하의 벌금에 처한다.
1. 영리를 목적으로 제16조 제1항을 위반하여 청소년에게 청소년유해매체물을 판매·대여·배포하거나 시청·관람·이용하도록 제공한 자
2. 영리를 목적으로 제22조를 위반하여 청소년을 대상으로 청소년유해매체물을 유통하게 한 자
3. 제28조 제1항을 위반하여 청소년에게 제2조 제4호 가목 4)·5)의 청소년유해약물 또는 같은 호 나목의 청소년유해물

건을 판매 · 대여 · 배포(자동기계장치 · 무인판매장치 · 통신장치를 통하여 판매 · 대여 · 배포한 경우를 포함한다)한 자

4. 제29조 제1항을 위반하여 청소년을 청소년유해업소에 고용한 자

5. 제30조 제7호부터 제9호까지의 위반행위를 한 자

6. 제44조 제1항을 위반하여 청소년유해매체물 또는 청소년유해약물 등을 수거하지 아니한 자

제59조(벌칙) 다음 각 호의 어느 하나에 해당하는 자는 2년 이하의 징역 또는 1천만 원 이하의 벌금에 처한다.

1. 제13조 제1항 및 제28조 제6항을 위반하여 청소년유해매체물 또는 청소년유해약물 등에 청소년유해표시를 하지 아니한 자

2. 제14조(제28조 제9항에서 준용하는 경우를 포함한다)를 위반하여 청소년유해매체물 또는 청소년유해약물 등을 포장하지 아니한 자

3. 제18조를 위반하여 청소년유해매체물을 방송한 자

4. 제19조 제1항을 위반하여 청소년유해매체물로서 제2조 제2호 차목에 해당하는 매체물 중「옥외광고물 등 관리법」에 따른 옥외광고물을 청소년출입 · 고용금지업소 외의 업소나 일반인들이 통행하는 장소에 공공연하게 설치 · 부착 또는 배포한 자 또는 상업적 선전물을 청소년의 접근을 제한하는 기능이 없는 컴퓨터통신을 통하여 설치 · 부착 또는 배포한 자

5. 제26조를 위반하여 심야시간대에 16세 미만의 청소년에게 인터넷게임을 제공한 자

6. 제28조 제1항을 위반하여 청소년에게 제2조 제4호 가목

신고포상금

1)·2)의 청소년유해약물을 판매·대여·배포(자동기계장치·무인판매장치·통신장치를 통하여 판매·대여·배포한 경우를 포함한다) 하거나 영리를 목적으로 무상 제공한 자

7. 제28조 제2항을 위반하여 청소년의 의뢰를 받아 제2조 제4호 가목 1)·2)의 청소년유해약물을 구입하여 청소년에게 제공한 자

7의2. 제28조 제4항을 위반하여 주류 등의 판매·대여·배포를 금지하는 내용을 표시하지 아니한 자

8. 제29조 제2항을 위반하여 청소년을 청소년출입·고용금지업소에 출입시킨 자

9. 제29조 제5항을 위반하여 청소년유해업소에 청소년의 출입과 고용을 제한하는 내용을 표시하지 아니한 자

제60조(벌칙) 제15조(제28조 제9항에서 준용하는 경우를 포함한다)를 위반하여 청소년유해매체물이나 청소년유해약물 등의 청소년유해표시 또는 포장을 훼손한 자는 500만 원 이하의 벌금에 처한다.

제61조(벌칙) ① 제34조의2 제5항을 위반하여 직무상 알게 된 비밀을 누설한 사람은 2년 이하의 징역 또는 500만 원 이하의 벌금에 처한다.

② 제43조를 위반하여 관계 공무원의 조사 및 검사를 거부·방해 또는 기피한 사람은 300만 원 이하의 벌금에 처한다.

조달청

제51장 공공기관 조달업무 관련자 부패행위

제1절 「조달사업에 관한 법률」의 규정

제10조(포상금의 지급) ① 조달청장은 조달사업을 수행하는 공무원의 직무에 관한 뇌물수수행위를 신고하거나 제보하고 증명할 수 있는 증거자료를 제출한 사람(이하 "신고자등"이라 한다)에게 예산의 범위에서 포상금을 지급할 수 있다.

② 제1항에 따라 신고 또는 제보를 받은 사람은 신고자등의 신분 등에 관한 비밀을 유지하여야 한다.

③ 제1항에 따른 포상금 지급대상자의 범위, 포상금의 지급기준 및 절차 등에 관한 사항은 대통령령으로 정한다.

제2절 「조달사업에 관한 법률 시행령」의 규정

제19조(포상금 지급대상자의 범위 등) ① 법 제10조 제1항에 따른 포상금 지급대상자는 다음 각 호의 요건을 모두 갖춘 신고자등(법 제10조 제1항에 따른 신고자를 말한다)으로 한다.

1. 수사기관 또는 부패행위(「부패방지 및 국민권익위원회의 설치

 신고포상금

와 운영에 관한 법률」제2조 제4호에 따른 부패행위를 말한다)의 감사·조사업무 관련 기관이 인지하기 전에 뇌물수수행위를 최초로 신고하거나 제보하고 자료를 제출하였을 것

2. 수사기관 또는 부패행위의 감사·조사업무에 종사하고 있거나 종사하였던 공직자(「부패방지 및 국민권익위원회의 설치와 운영에 관한 법률」제2조 제3호에 따른 공직자를 말한다)가 자기의 직무이거나 직무였던 사항과 관련하여 신고하거나 제보한 경우가 아닐 것

3. 뇌물을 수수한 당사자가 아닐 것

② 포상금 지급금액은 뇌물수수액의 5배의 범위에서 뇌물수수액의 규모, 조달사업에 미치는 영향, 예산 등을 고려하여 조달청장이 정한다. 다만, **포상금의 지급한도는 2천만 원**으로 한다.

③ 포상금은 신고자등의 비밀을 보장하기 위하여 현금으로 지급하는 것을 원칙으로 한다.

④ 포상금의 신청절차, 지급시기, 그 밖에 필요한 사항은 조달청장이 정하여 고시한다.

제3절 「부패방지 및 국민권익위원회의 설치와 운영에 관한 법률」의 규정

제2조(정의) 이 법에서 사용하는 용어의 뜻은 다음과 같다.

3. "공직자"란 다음 각 목의 어느 하나에 해당하는 자를 말한다.

가. 「국가공무원법」 및 「지방공무원법」에 따른 공무원과 그 밖의 다른 법률에 따라 그 자격·임용·교육·훈련·복

무・보수・신분보장 등에 있어서 공무원으로 인정된 자

나. 제1호 라목에 따른 공직유관단체의 장 및 그 직원

　　＊ 제1호 라목은 「공직자윤리법」 제3조 제1항 제12호에 따른 공직유관단체를 규정하고 있다. 「공직자윤리법」에 의한 공직유관단체로는 한국은행, 공기업, 정부의 출자・출연・보조를 받는 기관・단체, 정부의 업무를 위탁받아 수행하는 기관・단체, 지방공사・지방공단, 지방자치단체의 출자・출연・보조를 받는 기관・단체, 지방자치단체의 업무를 위탁받아 수행하는 기관・단체, 임원의 선임 시 중앙행정기관의 장 또는 지방자치단체의 장의 승인・동의・추천・제청 등이 필요한 기관・단체, 중앙행정기관의 장이나 지방자치단체의 장이 임원을 선임・임면・위촉하는 기관・단체가 있다.

4. "부패행위"란 다음 각 목의 어느 하나에 해당하는 행위를 말한다.

　가. 공직자가 직무와 관련하여 그 지위 또는 권한을 남용하거나 법령을 위반하여 자기 또는 제3자의 이익을 도모하는 행위

　나. 공공기관의 예산사용, 공공기관 재산의 취득・관리・처분 또는 공공기관을 당사자로 하는 계약의 체결 및 그 이행에 있어서 법령에 위반하여 공공기관에 대하여 재산상 손해를 가하는 행위

　다. 가목과 나목에 따른 행위나 그 은폐를 강요, 권고, 제의, 유인하는 행위

중앙선거관리위원회

제52장 공직선거범죄

제1절 제도의 이해

「공직선거법」은 대통령선거, 국회의원선거, 지방자치단체장선거 및 지방의회의원선거에 적용된다. 재선거와 보궐선거에도 적용한다. 공직선거에 관한 죄는 그 종류가 매우 다양하다. 따라서 신고의 대상 행위도 많다. 그 주요 내용을 간략히 소개한다.

정당의 후보자추천 관련 금품수수의 금지(제47조의2), 당내 경선운동의 금지사항(제57조의3), 당원 등 매수금지(제57조의5), 선거운동기구의 설치제한(제61조), 정보통신망을 이용한 선거운동에서의 금지행위(제82조의4), 인터넷광고의 금지(제82조의7), 공무원 등의 선거관여 및 선거에 영향을 미치는 행위 등 금지(제85조, 제86조), 유사기관의 설치금지(제89조), 각종 집회 등의 제한(제103조), 후보자 등의 비방금지(제110조), 기부행위의 제한(제113조 내지 제118조) 등을 규정하였다. 벌칙규정은 제230조부터 제260조에 있다.

이 법에서 규정한 죄의 공소시효는 선거일 후 6월까지이다. 다만, 범인이 도피한 때 및 범인이 공범이나 범죄의 증명에 필요한 참고인을 도피시킨 경우에는 3년으로 한다. 공무원이 직무와 관련하여 또는 지위를 이용하여 이 법이 정한 죄를 범한 경우의 공소시효는 10년으로 한다.

신고포상금

제2절 「공직선거법」의 규정

제262조의3(선거범죄신고자에 대한 포상금의 지급) ① 각급 선거관리위원회(읍·면·동선거관리위원회를 제외한다)는 선거범죄에 대하여 선거관리위원회가 인지하기 전에 그 범죄행위의 신고를 한 사람에게 포상금을 지급할 수 있다.

② 중앙선거관리위원회 및 시·도선거관리위원회는 제1항에 따른 포상금 지급의 심사를 위하여 중앙선거관리위원회 규칙으로 정하는 바에 따라 각각 포상금심사위원회를 설치·운영하여야 한다.

③ 각급 선거관리위원회는 제1항에 따라 포상금을 지급한 후 다음 각 호의 어느 하나에 해당하는 사유가 있는 경우에는 그 포상금의 지급결정을 취소한다.

1. 담합 등 거짓의 방법으로 신고한 사실이 발견된 경우
2. 불기소처분이 있는 경우
3. 무죄의 판결이 확정된 경우

⑦ 포상금의 지급기준 및 절차, 포상금심사위원회의 구성 및 심의사항, 제3항 제2호 및 제3호의 경우 포상금의 반환사유, 반환금액의 납부절차, 그 밖에 필요한 사항은 중앙선거관리위원회규칙으로 정한다.

제3절 「공직선거관리규칙」의 규정

제143조의4(포상금 지급기준 및 포상방법) ① 법 제262조의3의 규정에 의한 선거범죄신고자에 대한 **포상은 5억 원의 범위** 안에서 포상금심의위원회의 심의를 거쳐 각급 위원회(읍·면·동 위원회를 제외한다)위원장이 포상하되, 익명으로 할 수 있다. 다만, 선거범죄에 관한 신고로 인하여 당선인의 당선무효에 해당하는 형이 확정된 경우에는 그 신고자에게 추가로 포상할 수 있다.

② 포상금의 지급기준과 세부절차는 중앙위원회 사무총장(이하 "사무총장"이라 한다)이 정한다.

④ 각급 위원회는 제1항의 규정에 의하여 포상금을 지급하고자 하는 때에는 다음 각 호의 사항을 기재하여 서면으로 상급위원회에 이를 추천하여야 한다.

1. 포상대상자의 인적사항(익명을 요구하는 경우에는 익명으로 한다)
2. 포상사유와 그 증명서류
3. 포상금액에 관한 의견
4. 기타 포상금 지급결정에 필요한 사항

⑥ 하나의 사건에 대하여 선거범죄신고자가 2인 이상인 경우에는 제2항의 기준에 의한 지급 기준의 범위 안에서 포상금심사위원회가 결정한 포상금을 그 공로를 참작하여 적절하게 배분·지급하여야 한다. 다만, 포상금을 지급받을 자가 배분방법에 관하여 미리 합의하여 포상금의 지급을 신청하는 경우에는 그 합의에 따라 지급한다.

신고포상금

제143조의9(포상금의 반환사유) 법 제262조의3 제3항 제2호에 따라 포상금의 지급결정을 취소하는 불기소처분은 다음 각 호와 같다.
1. 혐의없음
2. 죄가안됨

* 법무부에서는 「선거범죄 신고포상금 지급에 관한 규칙」을 제정하여 공직선거법위반 및 정치자금법위반죄 중 선거와 관련된 것으로 인정되는 경우에 있어서의 선거범죄의 신고자에 대한 포상절차 등에 관하여 규정하고 있다. 위 규정의 검색은 법제처 홈페이지(www.moleg.go.kr)에서 검색할 수 있다.

제53장 정치자금 관련 범죄

제1절 신고대상 범죄행위

「정치자금법」이 규정하는 범죄행위의 종류는 매우 다양하다. 따라서 신고대상이 되는 행위도 광범위하다. 벌칙규정만 소개한다. 정치자금부정수수죄(제49조), 각종 제한규정위반죄(제46조), 각종 의무규정위반죄(제47조), 감독의무 해태죄 등(제48조), 선거비용 위반행위에 관한 벌칙(제49조)을 규정하였다.

제2절 「정치자금법」의 규정

제54조(정치자금범죄 신고자에 대한 포상금 지급) ① 각급 선거관리위원회(읍·면·동선거관리위원회를 제외한다) 또는 수사기관은 정치자금범죄에 대하여 선거관리위원회 또는 수사기관이 인지하기 전에 그 범죄행위를 신고한 자에 대하여는 중앙선거관리위원회규칙이 정하는 바에 따라 포상금을 지급할 수 있다.
② 각급 선거관리위원회 또는 수사기관은 제1항에 따라 포상금을 지급한 후 담합 등 거짓의 방법으로 신고한 사실이 발견된 경

신고포상금

우 해당 신고자에게 반환할 금액을 고지하여야 하고, 해당 신고자는 그 고지를 받은 날부터 30일 이내에 해당 선거관리위원회 또는 수사기관에 이를 납부하여야 한다.

제3절 「정치자금사무관리규칙」의 규정

제47조(포상금 지급기준 및 포상방법) ① 법 제54조에 따른 각급 선거관리위원회의 정치자금 범죄 신고에 대한 포상금 지급기준 및 포상방법 등은「공직선거관리규칙」제143조의4부터 제143조의8까지의 규정을 준용하되, "법 제262조의3"은 "법 제54조 제1항"으로, "선거범죄신고자"는 "정치자금범죄신고자"로, "선거범죄"는 "정치자금범죄"로 본다.
② 법 제54조에 따른 수사기관의 정치자금범죄 신고에 대한 포상금 지급기준 및 포상방법 등에 관하여는 제1항을 준용하여 해당 수사기관의 장이 정한다.

제4절 「공직선거관리규칙」의 규정

제143조의4(포상금 지급기준 및 포상방법) ① 법 제262조의3(선거범죄신고자에 대한 포상금 지급)의 규정에 의한 선거범죄신고자에 대한 **포상은 5억 원의 범위** 안에서 포상금심사위원회의 의결을 거쳐 각급 위원회(읍·면·동위원회를 제외한다)위원장이 포상하되, 익

명으로 할 수 있다. 다만, 선거범죄로 인하여 당선인의 당선무효에 해당하는 형이 확정된 경우에는 그 신고자에게 추가로 포상할 수 있다.

② 포상금의 지급기준과 세부절차는 중앙위원회 사무총장이 정한다.

제143조의5(포상금심사위원회의 설치 및 구성) 생략

제143조의6(포상금심사위원회의 심의사항) 생략

제143조의7(포상금심사위원회의 회의) 생략

제143조의8(포상금심사위원회의 의견청취 등) 포상금심사위원회는 심의를 위하여 필요하다고 인정되는 때에는 포상금지급대상자 또는 참고인의 출석을 요청하여 그 의견을 들을 수 있으며, 관계기관에 대하여 필요한 자료의 제출을 요청할 수 있다.

* 중앙위원회 사무총장이 정한 포상금 지급기준 및 세부절차는 중앙선거관리위원회 홈페이지(www.nec.go.kr)에서 검색이 가능하다. 담당부서는 법제과(02-503-2190)이다.

제54장 주민소환투표 관련 범죄

제1절 주민소환제도의 이해

「주민소환에 관한 법률」은 「지방자치법」 제20조에 규정되어 있는 주민소환제도를 실행하기 위한 절차 등을 규정하고 있다. 주민소환은 주민이 선출한 지방자치단체장에게 일정한 사유가 있을 때에 주민이 투표절차를 거쳐 그 자치단체장을 공직에서 끌어내리는 제도이다. 이 법에서는 이 투표절차와 관련한 부정행위를 신고한 사람에게 포상금을 지급하는 내용도 규정하고 있다. **포상금의 상한액은 5억 원**이다.

제2절 「주민소환에 관한 법률」의 규정

제38조(주민소환투표범죄 신고자에 대한 포상금 지급) 각급 선거관리위원회(읍·면·동선거관리위원회를 제외한다)는 제28조 내지 제33조의 죄 및 제35조의 과태료에 해당하는 죄를 선거관리위원회가 인지하기 전에 신고한 자에게 선거관리위원회규칙이 정하는 바에 따라 포상금을 지급할 수 있다.

* 제28조 내지 제33조는 주민소환투표 관련 범죄행위에 대한 벌

칙을, 제35조는 과태료에 관하여 규정하고 있다.

제3절 「주민소환관리규칙」의 규정

제41조(포상금 지급기준과 포상방법 등) ① 법 제38조에 따라 주민소환투표범죄 신고자에게 포상금을 지급하는 경우 그 지급기준 및 포상방법 등에 관하여는 「공직선거관리규칙」 제143조의4를 준용한다. 이 경우 "법"은 "공직선거법"으로, "선거범죄자"는 "주민소환투표범죄자"로 보고 관련 서식 중 주민소환투표에 적합하지 아니한 내용이 있을 때에는 중앙위원회위원장이 그에 맞게 고쳐서 사용할 수 있다.

② 주민소환투표범죄 신고자에 대한 포상금심사에 관한 사항은 「공직선거관리규칙」 제143조의5에 따라 둔 포상금심사위원회가 관장하되, 그 심의사항·회의·의견청취·반환통지 등에 관하여는 「공직선거관리규칙」 제143조의6부터 제143조의9까지의 규정에 따른다.

해양수산부

제55장 수산업법 위반행위

제1절 제도의 이해

「수산업법」은 주로 어업행위에 관한 규제를 담고 있는 법률이다. 신고나 고발을 한 사람에게 포상금을 지급하는 행위는 이 법을 위반한 모든 행위를 대상으로 한다. 따라서 그 범위가 광범위한 것이 특색이다. 이 책에서는 벌칙규정만을 소개한다. 구체적인 사안에 적용하기 위해서는 행위의 금지 또는 규제를 규정한 내용을 따로 검토할 필요가 있다는 점을 밝혀둔다. 법령의 검색은 ① 법제처 홈페이지(www. moleg.go.kr) → ② 국가법령 → ③ 검색창에 "수산업"을 입력 후 클릭의 요령으로 한다.

제2절 「수산업법」의 규정

제92조(포상) 해양수산부장관은 이 법 또는 이 법에 따른 명령을 위반하는 행위를 한 자를 그 관계기관에 통보하거나 체포에 공로가 있는 자, 그 밖에 수산자원의 보호와 어업질서의 확립에 특별히 이바지한 자에 대하여 대통령령으로 정하는 바에 의하여 포상할

신고포상금

수 있다.

제97조(벌칙) ① 다음 각 호의 어느 하나에 해당하는 자는 3년 이하의 징역 또는 2천만 원 이하의 벌금에 처한다.

1. 이 법에 따른 어업권을 취득하지 아니하고 어업을 경영한 자
2. 법 제41조 제1항부터 제4항까지, 제42조 또는 제57조 제1항에 따른 허가를 받지 아니하거나 등록을 하지 아니하고 수산업을 경영한 자
3. 제34조 제1항 제2호 또는 제3호(제49조 제1항에서 준용하는 경우를 포함한다)에 따른 어업의 제한 · 정지 또는 어선의 계류처분을 위반한 자
4. 제66조를 위반하여 수산동식물을 포획 · 채취하거나 양식한 자

제98조(벌칙) 다음 각 호의 어느 하나에 해당하는 자는 2년 이하의 징역 또는 500만 원 이하의 벌금에 처한다.

1. 거짓이나 그 밖의 부정한 방법으로 제8조 제1항, 제15조 제1항, 제41조 제1항부터 제3항까지, 제42조 또는 제57조 제1항에 따른 면허 · 허가를 받거나 등록을 한 자
2. 제19조 제1항 · 제3항 또는 제21조를 위반하여 어업권을 이전 · 분할 또는 변경하거나 담보로 제공한 자와 그 어업권을 이전 또는 분할 받았거나 담보로 제공받은 자
3. 제27조 제1항(제49조 제2항에서 준용하는 경우를 포함한다)을 위반하여 관리선으로 지정을 받지 아니한 선박을 사용한 자
4. 제27조 제4항(제49조 제2항에서 준용하는 경우를 포함한다)을 위반하여 그 지정을 받았거나 승인을 받은 어장구역이 아닌 수면

에서 수산동식물을 포획·채취 또는 양식하기 위하여 관리선을 사용한 자

5. 제32조 제1항(제49조 제1항이나 제60조에서 준용하는 경우를 포함한다)을 위반하여 사실상 그 어업의 경영을 지배하고 있는 자와, 어업권자 또는 허가를 받은 자로서 다른 사람에게 사실상 그 어업을 지배하는 자

6. 제33조를 위반하여 어업권을 임대한 자와 임차한 자

7. 제58조 제1항 제1호에 따른 수산동식물 또는 그 제품을 운반한 자

8. 제61조의 어업조정 등에 관한 명령을 위반한 자

제99조(벌칙) 다음 각 호의 어느 하나에 해당하는 자는 1년 이하의 징역이나 300만 원 이하의 벌금에 처한다.

1. 제39조 제2항을 위반하여 보호구역에서 해당 시설물을 훼손하는 행위 또는 어업권의 행사에 방해되는 행위를 한 자

2. 제34조 제1항 제1호·제4호·제6호·제8호·제9호(제49조에서 준용하는 경우를 포함한다) 또는 제58조 제1항 제2호에 따른 제한·정지 또는 어선의 계류처분을 위반한 자

3. 제67조 제1항 및 제2항을 위반하여 어업허가를 받지 아니하고 대통령령으로 정하는 외국의 배타적 경제수역에서 수산동식물을 포획·채취하다가 정선명령 또는 회항명령에 따르지 아니하고 국내로 도주한 자

4. 제69조를 위반하여 어선에 표지를 설치하지 아니한 자

5. 제72조 제1항에 따른 장부·서류, 그 밖의 물건의 검사에 따르지 아니하거나 어선의 정선명령 또는 회항명령에 따르지 아니

 신고포상금

한 자

제99조의2(벌칙) 다음 각 호의 어느 하나에 해당하는 자는 1천만 원 이하의 벌금에 처한다.

1. 제63조의2에 따른 **선복량** 제한에 위반한 자

☆ 선복량(船腹量) : 주로 벌크선에서 배에 싣는 짐의 양을 이르는 말이다. 일반적으로는 총톤수로 표시한다.

2. 제64조의2 제1항에 따른 어구의 규모 등의 제한을 위반한 자

제102조(과태료) 생략

제2절 「수산업법 시행령」의 규정

제83조(포상의 방법 및 절차) ① 해양수산부장관은 법 제92조에 따라 포상을 하는 경우 포상장 또는 포상금을 수여하거나 포상장과 포상금을 함께 수여할 수 있다.

② 제1항에 따른 포상금의 수여기준 및 포상의 방법 · 절차 등에 관하여 필요한 사항은 해양수산부장관이 정하여 고시한다.

* 해양수산부장관이 고시하는 내용은 해양수산부 홈페이지(www.mof.go.kr)에서 조회할 수 있다.

제56장 수산자원관리법 위반행위

제1절 제도의 이해

 앞에서 검토한바 있는 「수산업법」은 수산업의 생산성을 높이고, 어업의 민주화를 도모하는 것이 법률의 주된 목적이다. 이에 비하여 「수산자원관리법」은 수산자원을 계획적·효율적으로 관리함으로써 어업의 지속적인 발전을 목적으로 하는 법률이다. 이 법도 「수산업법」과 마찬가지로 이 법을 위반하는 모든 행위를 신고의 대상으로 하면서 포상하고 있다.

 앞에서는 법제처에서 법령을 검색하는 요령을 소개하였다. 이번에는 대법원 홈페이지에서 법령을 검색하는 요령을 소개한다. ① 대법원(www.scourt.go.kr) → ② "대국민서비스" 클릭 → ③ "종합법률정보" 클릭 → ④ 검색창에 "수산자원" 입력 후 클릭하는 방법이다.

제2절 「수산자원관리법」의 규정

 제63조(포상) 해양수산부장관은 이 법 또는 이 법에 따른 명령에 위반한 행위를 한 자를 관계기관에 통보하거나 체포하는데 공로가 있

 신고포상금

는 자, 그 밖에 수산자원 보호에 특별히 이바지한 자에 대하여는 대통령령으로 정하는 바에 따라 포상할 수 있다.

제64조(벌칙) 다음 각 호의 어느 하나에 해당하는 자는 2년 이하의 징역 또는 2천만 원 이하의 벌금에 처한다.

1. 제17조를 위반하여 포획·채취한 수산자원이나 그 제품을 소지·유통·가공·보관 또는 판매한 자
2. 제19조 제2항을 위반하여 휴어기(休漁期)가 설정된 수역에서 조업이나 그 해당 어업을 한 자
3. 제22조를 위반하여 어선을 사용한 자
4. 제25조 제1항을 위반하여 폭발물·유독물 또는 전류를 사용하여 수산자원을 포획·채취한 자
5. 제25조 제2항을 위반하여 유해화학물질을 보관 또는 운반한 자
6. 제35조 제1항 제5호에 따른 명령을 위반하여 수산자원의 이식(移殖)을 한 자
7. 제37조 제2항에 따른 배분량을 할당받지 아니하고 포획 또는 채취한 자
8. 제43조 제1항에 따라 제한 또는 금지된 공작물의 설비를 하거나 같은 조 제2항에 따른 공사명령을 이행하지 아니한 자
9. 제47조 제2항을 위반하여 보호수면에서 공사를 하거나 같은 조 제3항을 위반하여 보호수면에서 수산자원을 포획·채취한 자
10. 제49조 제5항 본문을 위반하여 수산자원관리수면에서 허가를 받지 아니하고 행위를 한 자
11. 제49조 제7항을 위반하여 수산자원관리수면에서 허가를 받

지 아니하고 행위를 한 자
12. 제52조 제2항에 따른 허가대상 행위에 대하여 관리관청의 허가를 받지 아니하고 행위를 하거나 허가내용과 다르게 행위를 한 자

제65조(벌칙) 다음 각 호의 어느 하나에 해당하는 자는 1천만 원 이하의 벌금에 처한다.
1. 제14조를 위반하여 어업을 한 자
2. 제15조에 따른 조업금지구역에서 어업을 한 자
5. 제23조 제3항을 위반하여 2중 이상 자망을 사용하여 수산자원을 포획 · 채취한 자
6. 제24조를 위반하여 특정어구(特定漁具)를 제작 · 판매 · 적재하거나 이를 사용하기 위하여 선박을 개조하거나 시설을 설치한 자
7. 제35조 제1항 제1호에 따른 수산자원의 번식 · 보호에 필요한 물체의 투입 또는 제거에 관한 제한 또는 금지명령에 위반한 자
8. 제35조 제1항 제4호에 따른 **치어(稚魚) 및 치패(稚貝)**의 수출의 제한 또는 금지명령을 위반한 자

☆ 치어 · 치패 : 어린 물고기 및 새끼조개류를 말한다.

9. 제35조 제1항 제6호에 따른 멸종위기에 처한 수산자원의 번식 · 보호를 위한 제한 또는 금지명령을 위반한 자
10. 제43조 제3항에 따른 신고를 하지 아니하고 방류한 자

제66조(벌칙) 다음 각 호의 어느 하나에 해당하는 자는 500만 원 이하의 벌금에 처한다.
1. 제35조 제1항 제2호에 따른 수산자원에 유해한 물체 또는 물

신고포상금

질의 투기나 수질 오락행위의 제한 또는 금지명령을 위반한 자
2. 제35조 제1항 제3호에 따른 수산자원의 병해방지를 목적으로 사용하는 약품이나 물질의제한 또는 금지명령을 위반한 자
3. 제35조 제2항에 따른 원상회복에 필요한 조치명령을 이행하지 아니한 자
4. 제38조 제1항을 위반하여 배분량을 초과하여 어획한 자
5. 제38조 제3항에 따른 포획 · 채취정지 등의 명령을 위반한 자
6. 제49조 제2항 단서를 위반하여 수산자원을 포획 · 채취한 자

제67조(벌칙) 다음 각 호의 어느 하나에 해당하는 자는 300만 원 이하의 벌금에 처한다.
1. 제16조에 따른 불법 어획물의 방류명령을 따르지 아니한 자
2. 제18조를 위반하여 비어업인으로서 수산자원을 포획 · 채취한 자
3. 제38조 제4항을 위반하여 보고를 하지 아니하거나 허위로 보고한 자
4. 제40조 제2항을 위반하여 지정된 판매장소가 아닌 곳에서 어획물을 매매 또는 교환한 자

제70조(과태료) 생략

제3절 「수산자원관리법 시행령」의 규정

제52조(포상의 방법 및 절차) ① 해양수산부장관은 법 제63조에 따라 포상을 하는 경우 포상장 또는 포상금을 수여하거나 포상장과 포상금을 함께 수여할 수 있다.

② 제1항에 따른 포상금의 수여기준 및 포상의 방법·절차 등에 관하여 필요한 사항은 해양수산부장관이 정하여 고시한다.

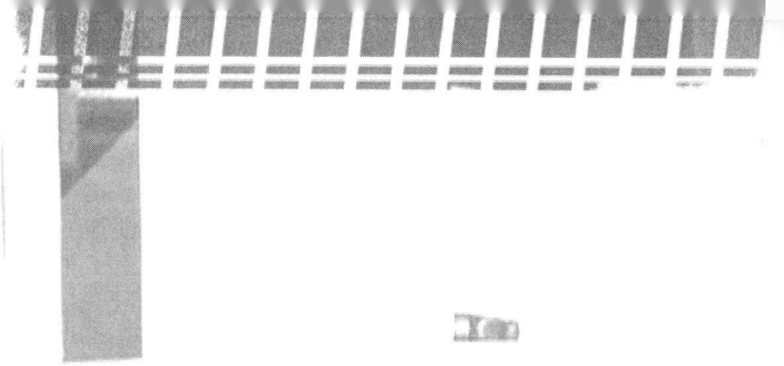

환경부

제57장 야생동·식물보호규정 위반행위

제1절 「야생생물보호 및 관리에 관한 법률」의 규정

제57조(포상금) 환경부장관이나 지방자치단체의 장은 다음 각 호의 어느 하나에 해당하는 자를 환경행정관서 또는 수사기관에 발각되기 전에 그 기관에 신고 또는 고발하거나 위반현장에서 직접 체포한 자와 불법 포획한 야생동물 등을 신고한 자 및 불법 포획도구를 수거한 자에게 대통령령으로 정하는 바에 따라 포상금을 지급할 수 있다.

1. 제9조 제1항을 위반하여 불법적으로 포획·수입 또는 반입한 야생동물, 이를 사용하여 만든 음식물 또는 가공품을 취득·양도·양수·운반·보관하거나 그러한 행위를 알선한 자

2. 제10조를 위반하여 덫, 창애, 올무 또는 그 밖에 야생동물을 포획할 수 있는 도구를 제작·판매·소지 또는 보관한 자

3. 제14조 제1항을 위반하여 멸종위기 야생생물을 포획·채취 등을 한 자

4. 제14조 제2항을 위반하여 멸종위기 야생생물을 포획하거나 고사시키기 위하여 폭발물, 덫, 창애, 올무, 함정, 전류 및 그물을 설치 또는 사용하거나 유독물, 농약 및 이와 유사한 물질을 살

 신고포상금

　　포하거나 주입한 자
5. 제16조 제1항을 위반하여 허가 없이 국제적 멸종위기종 및 그 가공품을 수출·수입·반출 또는 반입한 자
6. 제19조 제1항을 위반하여 야생동물을 포획하거나 같은 조 제2항을 위반하여 야생동물을 포획하기 위하여 폭발물, 덫, 창애, 올무, 함정, 전류 및 그물을 설치 또는 사용하거나 유독물, 농약 및 이와 유사한 물질을 살포하거나 주입한 자
7. 제21조 제1항을 위반하여 야생동물 및 그 가공품을 수출·수입·반출 또는 반입한 자
8. 「생물다양성보전 및 이용에 관한 법률」 제24조 제1항을 위반하여 생태교란생물을 수입·반입·사육·재배·방사·이식·양도·양수·보관·운반 또는 유통한 자
9. 제42조 제2항을 위반하여 수렵장 외에서 수렵한 사람
10. 제43조 제1항에 따라 지정·고시된 수렵동물 외의 동물을 수렵한 사람
11. 제43조 제2항에 따라 지정·고시된 수렵기간이 아닌 때에 수렵하거나 수렵장에서 수렵을 제한하기 위하여 지정·고시한 사항을 지키지 아니한 사람
12. 제50조 제1항을 위반하여 수렵장설정자로부터 수렵승인을 받지 아니하고 수렵한 사람
13. 제55조를 위반하여 수렵 제한사항을 지키지 아니한 사람
14. 이 법을 위반하여 야생동물을 포획할 목적으로 총기와 실탄을 같이 지니고 돌아다니는 사람

제2절 「법 시행령」의 규정

제38조(포상금의 지급) ① 법 제57조 각 호의 어느 하나에 해당하는 자에 대한 신고 또는 고발 등을 받은 환경행정관서 또는 수사기관은 그 사건의 개요를 환경부장관 또는 지방자치단체의 장에게 통지하여야 한다.

② 제1항에 따른 통지를 받은 환경부장관 또는 지방자치단체의 장은 그 사건에 관한 법원의 판결 내용을 조회하여 확정판결이 있은 날부터 2개월 이내에 예산의 범위에서 포상금을 지급할 수 있다. 다만, 환경부장관이 특히 필요하다고 인정하는 경우에는 확정판결이 있기 전에 포상금을 지급할 수 있다.

③ 제2항에 따른 포상금은 해당 사건과 관련된 야생생물을 금전으로 환산한 가액을 고려하여 환경부장관이 정한다.

* 신고절차 및 포상금에 관한 사항 등 자세한 내용은 환경부 홈페이지(www.me.go.kr) 또는 자연자원과(044-201-7252)에서 확인할 수 있다.

제58장 습지보전지역 등에서의 금지행위위반

제1절 「습지보전법」의 규정

제19조(포상금) 환경부장관·해양수산부장관 또는 시·도지사는 제13조 제1항 또는 제2항의 규정을 위반한 자를 관계 행정관청이나 수사기관에 신고 또는 고발한 자에 대하여 대통령령이 정하는 바에 의하여 포상금을 지급할 수 있다.

제13조(행위 제한) ① 누구든지 제8조 제1항에 따른 습지보호지역에서 다음 각 호의 어느 하나에 해당하는 행위를 하여서는 아니 된다. 다만, 「농어촌정비법」 제2조 제6호에 따른 농업생산기반시설을 유지·관리하기 위하여 필요한 경우와 그 시설을 농업 목적으로 사용하기 위하여 제1호부터 제3호까지의 어느 하나에 해당하는 행위를 하는 경우, 「재난 및 안전관리기본법」 제37조의 응급조치를 위하여 제2호 또는 제3호에 해당하는 행위를 하는 경우, 군 병력투입 및 작전활동 등 군사 목적을 위하여 필요한 최소한의 범위에서 대통령령으로 정하는 경우에는 그러하지 아니하다.

1. 건축물이나 그 밖의 인공구조물의 신축 또는 증축(증축으로 인하여 해당 건축물이나 그 밖의 인공구조물의 면적이 기존 연면적의 2배 이상이 되는 경우만 해당한다) 및 토지의 형질변경

2. 습지의 수위 또는 수량이 증가하거나 감소하게 되는 행위
3. 흙·모래·자갈 또는 돌 등을 채취하는 행위
4. 광물을 채굴하는 행위
5. 동식물을 인위적으로 들여오거나 경작·포획 또는 채취하는 행위(해당 지역주민이 공동부령으로 정하는 기간 이상 생계수단 또는 여가활동 등의 목적으로 계속하여 경작·포획하거나 채취하는 경우는 제외한다)

② 누구든지 제8조에 따른 습지주변관리지역이나 습지개선지역에서 「생물다양성보전 및 이용에 관한 법률」 제2조 제8호에 따른 **생태교란생물** 또는 「해양생태계의 보전 및 관리에 관한 법률」 제2조 제12호에 따른 해양생태계교란생물을 풀어놓거나 심고 재배하는 행위를 해서는 아니 된다.

☆ 생태계교란생물 : 외래생물(外來生物)이나 유전자변형 생물체로서 환경부장관이 지정·고시하는 것을 말한다.

③ 제8조 제1항에 따른 습지주변관리지역에서 일정규모 이상의 간척사업, 공유수면매립사업, 그 밖에 습지보호에 위해를 줄 수 있는 행위를 하려는 사람은 환경부장관, 해양수산부장관 또는 시·도지사의 승인을 받아야 하며, 관계 중앙행정기관의 장이 그러한 행위를 하려는 경우에는 환경부장관, 해양수산부장관 또는 시·도지사와 협의하여야 한다.

④ 제3항에 따른 승인 또는 협의 대상 행위 및 사업규모, 그 밖에 필요한 사항은 대통령령으로 정한다.

⑤ 다음 각 호의 어느 하나에 해당하는 경우로서 환경부장관, 해양수산부장관 또는 시·도지사의 승인을 받은 경우(관계 중앙행정

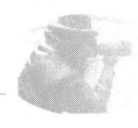
신고포상금

기관의 장의 경우에는 환경부장관, 해양수산부장관 또는 시·도지사와 협의한 경우를 말한다)에는 제1항과 제2항을 적용하지 아니한다.
1. 「자연재해대책법」 제2조 제2호에 따른 자연재해의 예방 및 복구를 위한 활동 및 구호 등에 필요한 경우
2. 습지보호지역 등의 보전을 위하여 필요하거나 습지보호지역 등에서 농림수산업을 영위하기 위하여 필요한 경우
3. 그 밖에 공익상 부득이한 경우로서 대통령령으로 정하는 경우

제2절 「습지보전법 시행령」의 규정

제15조(포상금) ① 법 제19조의 규정에 의하여 법 제13조 제1항 또는 제2항의 규정에 위반한 행위의 신고 또는 고발을 받은 관계행정관청 또는 수사기관은 그 사건의 개요를 환경부장관·해양수산부장관 또는 시·도지사에게 통지하여야 한다.
② 제1항의 규정에 의한 통지를 받은 환경부장관·해양수산부장관 또는 시·도지사는 그 사건에 관한 확정판결이 있은 날부터 2월 이내에 예산의 범위 안에서 포상금을 지급할 수 있다.
③ 제2항의 규정에 의한 포상금은 당해 사건으로 인하여 선고된 벌금액(징역형의 선고를 받은 경우에는 해당 적용 벌칙의 벌금 상한액을 말한다)의 100분의10 이내로 한다.

제59장 환경부 공무원 부패행위

〔환경부 부패행위 신고자에 대한 포상규정〕

(환경부 훈령 제1099호) - 감사관실(044-201-6167)

제1조(목적) 이 규정은 공직자의 부패행위를 신고한 자에 대하여 포상금을 지급하는데 필요한 구체적인 지급대상, 기준 및 절차 등을 규정함을 목적으로 한다.

제2조(정의) 이 규정에서 사용하는 용어의 정의는 다음과 같다.

    1. "공무원"이라 함은 환경부와 그 소속 기관의 공무원 및 환경부 장관 또는 소속 기관장과 계약을 체결한 직원을 말한다.

    2. "부패행위"라 함은 「부패방지 및 국민권익위원회의 설치와 운영에 관한 법률」 제2조 제4호의 규정에 의한 부패행위 및 「환경부 공무원 행동강령」에 명시된 제한 및 금지규정에 위반된 행위를 말한다.

제3조(지급대상) ① 포상금의 지급대상은 환경부에 직접 제출·접수된 공무원의 부패행위에 관한 신고로서, 환경부 감사담당관에서 조사한 결과 신고 내용이 사실로 확인된 경우로 한다. 다만, 공무원이 자신의 직무수행과 관련하여 신고한 사항에 대하여는 이를

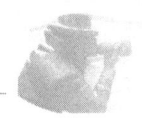

신고포상금

지급하지 아니한다.

② 제1항의 규정에 의한 부패행위의 신고는 「국가공무원법」제83조의2의 규정에 의한 징계사유가 만료되기 전에 신고된 것이어야 한다.

제5조(포상금의 지급) ① 제3조의 규정에 의한 지급대상자에 대하여는 위원회의 심의·의결을 거쳐 예산의 범위에서 별표의 기준에 따라 포상금을 지급한다.

② 포상금은 신고자가 지정하는 은행계좌에 입금하는 방법으로 지급하되, 계좌입금이 곤란하거나 신고자가 원하는 경우에는 현금으로 지급할 수 있다.

제7조(신고자 보호) ① 위원회에 상정되는 모든 서류 및 자료 등에 대하여는 신고자의 신분이 드러나지 않도록 하여야 한다. 다만, 신고자가 신분공개에 동의한 때에는 그러하지 아니하다.

② 위원회의 심의과정에 참여한 위원 및 관련 공무원 등은 신고자의 신분에 관하여 비밀을 준수하여야 한자.

(별표)

포상금 지급기준

가. 금품·향응 수수관련

부패행위 등의 유형	포상금 지급기준	상한액
직무와 관련하여 금품·향응을 수수하고, 위법·부당한 처분을 한 경우	금품·향응 수수액의 20% 이내	300만 원
직무와 관련하여 금품·향응을 수수하였으나, 위법·부당한 처분은 하지 아니한 경우	금품·향응 수수액의 15% 이내	150만 원
의례적인 금품·향응 수수의 경우	금품·향응 수수액의 10% 이내	50만 원

* 비고 : 1. 예산 등 공금을 횡령한 경우에는 그 횡령액을 금품·향응 수수액으로 보아 위 표에 의한 포상금을 지급한다.

2. 위 포상금 지급기준에 의하여 산정된 포상금액이 10만 원에 미달하는 때에는 10만 원을 지급한다.

나. 기타 부패행위 등의 신고

신고 내용에 대한 조사결과	상한액
징계처분 등이 있는 경우	100만 원
법령개정 등 제도개선에 기여한 경우	50만 원
기타 환경부 소관 분야 청렴도 향상에 기여한 경우	30만 원

신고포상금

|저자| 최종배
|초판 1쇄 인쇄| 2014년 8월 20일
|초판 1쇄 발행| 2014년 8월 25일
|발행인| 김용성
|발행처| 법률출판사

|주소| 서울시 동대문구 휘경동 187-20 오스카빌딩 4층
|전화| 02)962-9154
|팩스| 02)962-9156
|e-mail| lawnbook@hanmail.net
|등록번호| 제1-1982호

|ISBN| 978-89-5821-239-3 13360
정가 15,000원

본서의 무단전재·복제를 금합니다.